KB235217

일본은 고려의 속국이었다
— 정사(正史)로만 입증한 고려 제국사

강효백 박사

경희대학교 법과대학을 졸업하고, 대만사범대학에서 수학한 후 국립 대만정치대학에서 법학박사 학위를 받았다. 베이징대학과 중국 인민대학 등에서 강의했으며, 주 대만 대표부와 상하이 총영사관을 거쳐 주중국대사관 외교관을 12년간 역임했다. 상하이 임시정부에 관한 기사를『인민일보(人民日報)』에 대서특필하게 했으며, 한국인 최초로 기고문을 싣기도 했다. 지금은 경희대학교 법무대학원 교수(법학전문대학원 겸임교수)로 있다.

윤봉길 의사 체포 사진이 일제의 조작이라는 사실을 입증하여 모든 교과서에서 문제의 사진을 삭제하게 했다(1999~2011년).

이어도 중국 측 기점 수정을 발견하여 제주-이어도 해역 1만㎢ 이상을 우리나라 해역으로 확대된 지도로 변경하게 했다(2008~09).

일본 연호와 이완용 등 친일 인명만 한자 변환되던 아래한글 WP에서 '고려(高麗)' 등 역대 한국 국호와 애국지사 인명도 한자 변환이 되도록 개선했다(2018~19년).

『중국법 통론』,『협객 중국사』,『창제』,『동양스승 서양제자』,『중국내 한민족 독립운동 100대 사적지(CD롬)』등 문·사·철·법서 33권을 저술하고 학술논문 38편과 칼럼 600여 편을 썼다.

여생을 애국가와 나라꽃 등 국가상징과 국헌·국법·국문·국사·국토·국학 바로잡기에 바칠 것을 각오로 실사구시 스마트민족주의 '新 실학'을 추구하고 있다.

일본은 고려의 속국이었다
― 정사(正史)로만 입증한 고려 제국사

초판 인쇄 / 2023년 6월 2일
초판 발행 / 2023년 6월 9일

지은이 / 강효백
펴낸곳 / 도서출판 말벗
펴낸이 / 박관홍
신고일 / 2007년 11월 2일
주소 / 서울 노원구 덕릉로 127길 25 상가동 2층 204-384호
전화 / 02)774-5600
팩스 / 02)720-7500
메일 / malbut1@naver.com
ISBN 979-11-88286-36-2-03910
www.malbut.co.kr

일본은 고려의 속국이었다

— 정사(正史)로만 입증한 고려 제국사

강효백 지음

말벗

해 뜨기 전의 어둠이 가장 짙다.

모든 나라의 정사(正史)는 그 나라의 전성시대에 나온다. 나는 지금 대한민국의 전성시대를 불러올 『삼국사』(1145년)와 『고려사』(1451년)에 이은 대한민족 사상 세 번째 정사의 첫 페이지를 쓰고 있다.

목전의 국부·표면적 현상만을 논하는 것만으로는 노회(老獪) 능란한 저들을 결코 이길 수 없다. 저들을 퇴출시킬 우리의 최종무기는 반만년 역경을 극복하고 이어온 한민족 투쟁사 승리 역사의 혁명적인 재인식이다.

흔히 사람들은 일본이 한국역사 서적들을 소각하거나 약탈해 일본으로 가져가 한국에 있는 것은 사본뿐이라는 저들의 간교한 역공작의 거짓말에 속고 있다.

그러나『고려사』,『고려사절요』,『동국통감』등을 비롯한 조선시대 거의 모든 관찬 정사는 필사본이 아니라 인쇄본이다. 인쇄본인데 원본과 사본의 내용이 각각 다를 수 있는가?

또한 그 정사들 수십 질이 중국으로 보내져 역대 중국에서 연구 참조 중이다.

또 일제가 1911년(당시 일본총리성명 가쓰라 다로 桂一郞), '계연수(桂延壽)'라는 정체불명의 인물이 썼다는『환단고기』등 한국의 진귀한 역사 서적들(?)을 모조리 불태워 남아 있는 한국역사 서적이 없다고 한다.

이는 마치 그 전엔 무궁화가 삼천리 방방곡곡에 만발했는데 일제가 모조리 뽑아 버려 보기 드물어졌다는 식의, 말도 안 되는 허언에 당하는 것이나 뻔히 알면서도 속는 척하는 것과 무엇이 다른가?

일본은 한국·중국과 달리 진정한 기전체 정사가 단 1권도 없다. 자신들의 시대에 자신이 편찬하는 편년체 정사마저 아주 짤막하지만 윤색으로 범벅된 6국사로 남아 있을 뿐이다.

그래서 세계 최고의 기전체 정사로 정평이 난『고려사』의 기초자료가 소실 분서되었다며 침소봉대(針小棒大)·무중생유(無中生有) 허위 날조하여 가치를 폄하시킨 후 편년체 정사인『고려사절요』가『고려사』로 되었다고 완전 왜곡해 민족적 열등감을 폭발시켜 왔다.

일본은 일본서기를 시작으로 나라 시대 ~ 헤이안 시대 중기까지 6개의 역사서(모두 기전체가 아닌 사료적 가치가 떨어지는 편년체)가 국가 주도로 편찬되었다.

이를 육국사(六國史)라고 부르며 일본에서 정사의 개념은 이 육국사만을 의미한다. 일본서기, 속일본기, 일본후기, 속 일본후기, 문덕천황실록, 삼대실록이 육국사이다.

꾸준히 정사가 편찬된 한국이나 중국과 달리 일본은 901년 삼대실록이 편찬된 이후 국가에 의한 정사 편찬은 중단되었다.

한국과 중국에선 한 왕조가 멸망하면 다음 왕조가 전 왕조의 기전체 정사를 쓰는 전통이 있었다. 하지만 일본은 역사 기록이 시작된 이후 왕조가 교체된 적이 없으므로 결국 자신들의 역사를 자신이 편찬한 셈이다.

따라서 중국이나 한국의 기전체 정사와 달리 굉장히 윤색이 심하다는 특성이 있다. 대표적으로 임나일본부설인데, 일본 주류 사학계에서도 제2차 세계대전 패전 이후로는 육국사가 윤색이 있다는 것을 기본 전제로 깔고 본다.

일본서기, 환단고기의 '기(記)'는 서유기, 녹정기, 화랑세기, 패관잡기 등과 같이 역사서가 아닌 신화나 설화, 야사, 야담, 무협소설에 붙이는 게 원칙이다.

'삼국사기'도 원래 『삼국사』였다. 일제가 반만년 고대 한국의 정사를 '서유기'급으로 폄하할 목적으로 기(記)를 붙여 '삼국사기'가 되었다. 『삼국사』를 『고려사』와 함께 한국 양대 정사인 『삼국사』를 선입견을 배제하고 통독해보니 전혀 사대적이지 않았고 오히려 한민족 자긍심으로 충만해 있었다. 다만 경술국치 이후 일제와 부역자들이 가필한 주석들과 각급 교과서가 중화 사대주의로 왜곡 해석 모독하고 있다.

중국 기전체 정사 24사 중 유일하게 '기(記)'가 붙은 『사기(史記)』

의 대부분은 사실 기록 사(史)이나 뒷부분 열전 부분 백이숙제, 자객, 유협, 골계, 화식열전 등에 사마천 개인의 추측·견해·주장 등이 혼입되어 '사기(史記)'로 명명한 것이다.

옛 한국과 중국에서 책이름에 '서(書)'와 '사(史)'가 붙은 관찬서적은 술이부작(述而不作; 있는 그대로 쓸 뿐 지어내지 않는다)·이실직서(以實直書; 사실 그대로 바르게 쓴다)의 원칙하에 쓰여진 기전체 정사이다.

즉 '술이부작'과 '이실직서'는 한·중 정사(正史) 기술의 양대 원칙이자, 동서고금 모든 지식인(특히 학자와 기자)들이 목숨 걸고 지켜야 할 최후의 양대 보루이다. 비단에다 붓으로 필사 정사는 서(書), 목판활자 또는 금속활자 인쇄 정사는 사(史)가 붙는다. 한국의 양대 정사는 각각 목판활자, 금속활자 모두 세계 최초로 발명 사용한 덕에 『삼국사』와 『고려사』라 이름 붙인 것이다.

이 책의 서지학적 지향점은 제갈공명의 천하삼분지계의 구상을 원용한 천하사관 3분지계이다.

첫째, 『일본서기』 등 일본 사료를 텍스트로 삼는 셀프 축소·은폐·왜곡의 친일식민주류 강단사관이다.

둘째, 일본 극우 조작유포 위서 『환단고기』 류를 기반으로 셀프 역사 희화화, 판타지 소설화로 귀결한 재야 사이비 민족사관이다.

셋째, 『고려사』, 『금사』 등 한중 정사(正史)와 브리태니커 영문백과사전 세계 공인 정문(正文)만을 근거로 문무대왕, 고려 태조, 세종대왕, 정약용, 신채호, 정인보의 맥을 잇는 강효백의 대한민족 정통사관이다.

"고려의 사방 경계는 서북은 당 이래로 압록을 한계로 삼았고, 동북은 선춘령을 경계로 삼았다. 서북은 그 이르는 곳이 고구려에 미치지 못했으나, 동북은 그것을 넘어섰다. 西北, 自唐以來, 以鴨綠爲限, 而東北則以先春嶺爲界. 盖西北所至不及高句麗, 而東北過之" ―『고려사』지(志) 39권 지리 1

조선 초기 60년간 최정예의 지성을 집약해 펴낸『고려사』(1451년, 문종 1년)는 세가 46권, 열전 50권, 지(志) 39권, 연표 2권, 목록 2권 등 총 139권 75책으로 구성돼 있다.

축약본『고려사절요』(1452년)를 편찬할 만큼 글자 수가 총 336만 9623자의 방대하고 세세한『고려사』는 사료 선택의 엄정성과 객관적인 서술 태도로 세계적인 극찬을 받고 있다.

『세종실록』을 살펴보면 세종대왕이 재위 32년간 가장 총력을 집중했던 과업은『고려사』편찬(전 재위 기간)을 필두로 북방영토 확장(만주), 일본 제압(대마도를 경상도 예하로 편입), 무기 개발, 과학기기 개발, 한글 창제 순이다.

세종대왕이 한글을 창제한 계기는『고려사』편집 당시 고려 문자의 존재를 알았던 탓이고, 4군6진 개척으로 만주를 북벌한 것도 역시 윤관의 9성이 흑룡강 북학진까지라는 사실을 알았기 때문이다.

일제와 식민사학계가『고려사』를 보물 이하로 처박아놓은, 가히 세계사에 전무후무한 자기역사 모독 패륜범행 동기의 하나는 바로 이런 '고려의 영토가 고구려 영토보다 넓었다'는 사실(史實)과 사실(事實)을 은폐하기 위함이 아닐까?

이는 이제껏 우리 역사와 지리 국가 상징물에 전지적 일본인 시점으로 자행해온 전과들을 조회해 보고, 필자가 앞으로 계속 밝힐 사실들에 비추어보면 너무 지나친 의심이나 비판이 아님을 알게 될 것이다.

5년 전 나의 지식은 한국의 시공(역사 지리)을 축소·은폐·왜곡·조작한 책임의 비중을 일본 6할, 중국 3할, 서구 1할로 보았다. 그러나 지금 나의 깨달음은 조작 책임의 비중을 현대 한국 8할, 옛 일본 2할로 본다.

한중 양국의 거의 모든 정사(正史)들이 가장 중시한 분야는 국토 지리 강역이다.

늘 서두에 나오고 수차례 명기되어 있다(『고려사』 서두: 고려의 동북 경계는 고구려보다 넓다). 그런데 현대 한국의 그 많은 전문가들이 이를 안 보았을 가능성은 희박하다. 이 점이 나를 분노하게 해 이 책을 쓰게 만든 근본적인 동기이다.

중세 당시 세계 제일의 문명국가는 고려 제국이었다. 고려의 상감청자는 차이나의 나라 차이나(중국)가 죽었다 깨어나도 모방조차 못했다. 그럼에도 우리나라는 세계가 그 정확성과 방대성을 공인하는 기전체 정사 『고려사』를 국보도 아닌 보물 이하로 처박아두었다.

이는 셀프 자국 역사 은폐, 모독, 패륜 범죄, 대역죄라고 욕해도 지나치지 않다.

우리가 알고 있는 우주는 전체 우주의 5%일 뿐 암흑 물질과 암흑

에너지 95%는 모른다. 한국의 지식계도 이와 매우 흡사하다. 일제와 서구우월사관이 획정 허용한 5% 범위 프레임 내에서만 교육 학습한다. 나머지 95% 정사(正史)·정문(正文)의 진실과 사실은 언급조차 하면 안 될 금단의 영역이다.

악마는 디테일에 있는 것이 아니라 프레임에 있다. 고려~대한제국시대(918~1908년)에도 만주는 한국 땅이라고 『고려사』와 『고려사절요』, 『조선왕조실록』 정사들과 400여 관찬지도에 명기·명시되었음에도 고구려·발해 때로만 국한해 일제가 조작해놓은 프레임 내에서만 왈가왈부하고 있다.

100% 정사나 묻혀 있던 사실을 100% 그대로 발굴 소개해도 기존 지식과 다르면 무조건 '주장'이라고 해서 참 이상하게 생각했다. 그런데 『고려사』 등 정사에 일제가 붙인 주석을 보고 깨달았다. 한 중 정사는 '주장', 정약용 등 한국학자의 고증은 '억측', 일본이 조작하거나 인정한 것만 '사실'로 적혀 있는 것이다.

흔히 쓰는 '알아야 면장'의 '면장'은 면장(面長)이 아니라 울타리, 장벽, 프레임을 면(免)할 면장(免墻·免牆)이다.

세계에서 가장 총명한 민족인 한민족이여! 이제 제발 좀 깨어나 일제가 쳐놓은 울타리를 박차고 장벽을 뛰어넘자!

이 대목에서 사학자 지리학자 국문학자도 아닌 게 전문영역 따지며 나를 나무라거나 하시려는 분들에게 삼가 여쭈겠습니다.

해방 이후 국사(윤봉길)와 국토지리(이어도) 교과서를 바로잡고 국문(아래한글)까지 바로잡은 자, '강효백' 말고 누가 있나 말씀해 보시라.

또 모든 현존 한국인 중 한중 기전체 정사 27질 원전(삼국사 고려사 한국 2정사 + 사기 ~ 청사고 중국25사 = 나의 33종 저서의 주요참고서)을 1991년부터 지금까지 32년간 나만큼 오래도록 많이 정확히 통독·정독한 분 있으면 알려주시라!

실증학파 & 백과전서파 법학자인 나는 '주장'하지 않는다. 오로지 사실만을 근거로 내세워 '입증'할 뿐이다. 법조인들이 정치·경제·사회·문화 모든 분야의 실체적 진실을 파악하려는 것은 당연시된다. 마찬가지로 법조인들의 스승 법학자는 더욱 더 넓은 분야를 보다 심층 연구·조사·고찰하는 것이 지당한 일이 아닌가?

요약하건대 이 책은 고려시대(918~1392)에 관한 세계에서 가장 방대하고 정확한 기록인 기전체 정사 『고려사』를 중심으로 『고려사절요』, 『동국통감』, 『세종실록지리지』 등 한국 관찬정사와 지리지들과 중국의 『요사』, 『송사』, 『금사』, 『원사』, 『만주원류고』 등 중국 기전체 정사와 지리지들을 입체적으로 크로스체크했다. 이중 완전히 완전히 합치한 것만 사료로서의 증거능력을 인정해 술이부작(述而不作)·이실직서(以實直書)한 결과물임을 자긍한다.

그러나 이 책 곳곳에서 과욕의 흔적과 반대로 부족한 부분도 많다. 미흡한 점을 보완해 가는 것을 앞으로의 과제로 남기겠다. 강호제현 여러분 열린 마음의 격려와 이해, 선입견과 편견 없는 가르침을 주시기 바란다.

이 책을 쓰도록 나에게 생명을 주신 신(神)과 부모님께, 또한 그 생명을 보람차게 해주신 여러 스승님께 감사드린다.

이 책을 출판해 주신 말벗 박관식 대표께 심심한 사의를 표한다.

2023. 5.
경희대학교 서울캠퍼스에서
영고삼[1] 문협[2] 강효백

---

[1] 영고삼은 필자의 별호다. '영원한 고3'처럼 열심히 공부하다 죽을 각오라는 뜻이다.
[2] 문협(文俠)은 필자의 필명이자 호다. 검 대신 필을 쥔 협객처럼 살겠다는 뜻이다.

1. 태조 왕건 황제, 함께 새롭게 '함여유신'을 선포하다   21

2. 고려는 황제국 스모킹건 19   27

18

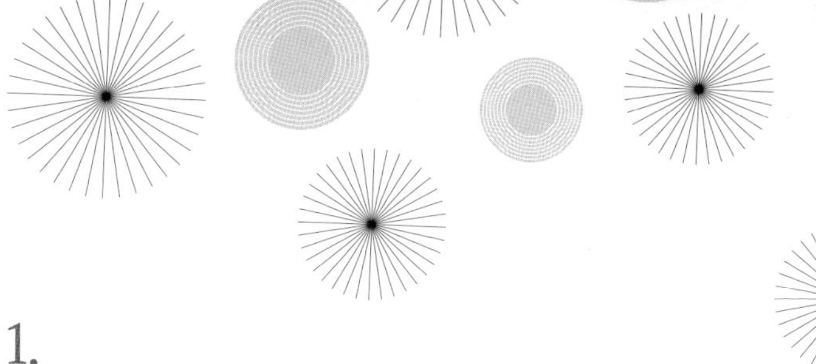

1.
태조 왕건 황제, 함께 새롭게
'함여유신'을 선포하다

최초는 영원한 최고다. 책도 첫 페이지, 첫 구절이 제일 중요하다. 『고려사』(보물 제2115-4호)도 본문 첫 페이지 첫 구절만 읽으면 고려는 황제국가임을 단박에 알 수 있다. 『삼국사기』(국보 322호)와 더불어 우리나라의 유이무삼(有二無三)한 정사(正史) 『고려사』는 〈세가(世家)〉 46권 · 〈지(志)〉 39권 · 〈표(表)〉 2권 · 〈열전(列傳)〉 50권으로 구성되어 있다. 총137권의 방대한 『고려사』 〈세가〉 맨 첫 페이지 가득 고려가 황제국임을 명기하고 있다.

1. 칭제 건원

연호를 선포하는 행위를 '건원(建元)'이라고 한다. 독자적으로 연호를 제정하고 사용함은 문화권 전체의 맹주(황제나 제국 등)를 자처하는 행위였기 때문에, 황제를 자칭하는 '칭제(稱帝)'와 더불어 칭제건원이라 불렀다. 고려 태조 왕건은 황제로서 독자적인 연호를 사용했다. 그리고 그 연호는 '천수(天授)'로서 '하늘로부터 부여받은 권한'이라는 의미다.

태조가 포정전에서 즉위하여 국호를 고려(高麗)라 하고 연호를 고쳐 천수(天授)라 하였다.

『고려사』 세가 1권, 918년 6월 15일(음) 병진(丙辰) 7월 25일(양) 고려 태조 왕건은 고려 건국 첫날부터 고려가 황제국임을 선포했다.

『고려사』 세가 1권 태조 918년 7월 25일~26일 (양) 고려 건국일이자 태조 왕건 즉위일과 익일의 기록 태조 왕건은 칭제건원 구오통림의 극, 함여유신을 선포했다.

2. 톈안먼과 구오통림지극

톈안먼은 구오지존 황제의 지위를 상징한다.

중국 최고 권력의 상징 톈안먼(天安門)은 5개의 통로를 뚫은 성벽 위에 목조 누각을 지은 대표적인 성문 건축이다. 돈대위 성루의 건물은 정면(동서) 9칸, 측면(남북)5칸으로 9·5의 수를 사용하였는데 이는 황제를 위한 구오지존(천자의 자리로 황권을 상징)과 지극히 높아 위가 없는 지극의 뜻을 상징한다.

주역 64괘 가운데 첫 번째가 건괘이며, 건괘의 다섯 번째 효의 이름이 구오(九五)로 황제의 자리를 말한다. 양수 가운데는 9가 가장 높은 수이고, 5는 중앙에 위치해 있어 9와 5는 황제의 권위를 상징한다하여 '구오지존(九五之尊)'이라고 했다.

태조가 조서를 내리고 신하들이 사례하다 짐은 여러 공(公)의 추

톈안먼은 구오지존 황제의 지위를 상징한다.

대하는 마음에 힘입어 구오통림지극(九五統臨之極)에 올랐으니, 나
쁜 풍속을 좋게 고치고 모든 것을 다 함께 새롭게 바꾸려 한다(朕資
群公推戴之心, 登九五統臨之極, 移風易俗, 咸與惟新).
　―『고려사』 세가 1권, 918년 6월 16일(음) 7월 26일(양)

　태조 왕건이 고려 건국 익일 918년 7월 26일 구오통림지극 즉 구
오지존의 지고무상한 자리, 즉 왕중왕 황제의 제위에 올랐음을 천
하에 선포한 것이다.

3. 일본의 메이지유신보다 950년 앞선 고려의 함여유신

　고려 태조 왕건은 고려왕국 개국 익일 918년 7월 26일 구오통림
지극 황제로 등극을 선포하면서 '모든 것을 다 함께 새롭게 바꾸려
한다'는 뜻의 함여유신(咸與惟新)을 선포했다.
　함(咸)은 함괘(咸卦)에서 나왔다. 함여(咸與)는 '모두 함께'라는
뜻이다.
　함여유신[1]의 뜻은 ①모든 것을 다 함께 새롭게 바꾼다, ②모두 유
신에 참여한다, ③구폐를 일소하고 판을 새롭게 짜는 환골탈태를
의미한다.
　유신(惟新)과 유신(維新)은 동의어다.[2] 중국 외에 최초로 유신(惟

---

[1]　함께 새롭게 하자. 몸에 배어 있는 나쁜 습속을 말끔히 없애고 새롭게 됨. 모
든 일을 새롭게 고침. 惟(유)는 維(유)와 같은 뜻. 維新(유신). 출전 書經(서경) 夏書
(하서) 胤征篇(윤정편). 『한자성어·고사명언구사전』
[2]　1.更新. 语出《诗. 大雅. 文王》:"周虽旧邦, 其命维新." 毛传:"乃新在文王也." 2.自
新.

고려 태조 왕건의 동상에는 황제가 쓰던 통천관을 쓰고 있다.

新)이라는 자구를 쓴 제왕은 고려 태조 왕건이 최초다.

1868년 일본의 허수아비 천황을 전제군주로 대전환한 메이지유신(明治維新)은 950년 전인 918년 고려 태조 왕건이 선포한 함여유신을 모델로 삼은 듯하다. 1972년 박정희가 3권분립의 대통령제를 총통독재체제로 전환한 10월 유신이 메이지유신을 모방했듯이. 다만 고려의 함여유신은 위에서 아래로 1인 독재의 '악성(惡性) 유신', '나쁜 유신'인 일본의 메이지 유신이나 박정희의 10월 유신과는 전혀 다르다. 군주와 신하 백성이 모두 함께[3] 참여해 모든 것을 새롭게 바꾸자는 '양성(良性) 유신', '좋은 유신'이라 높이 평가할 수 있겠다.

---

[3] '함께'의 어원은 동반의 모두 다 함(咸)과 '어저께, 그저께' 시간의미를 같는 '께'와 합성어로 모두가 같은 시간에 다 같이라는 의미이다. - 우리말 배움터

4. 태조 왕건은 황제만이 쓰는 통천관을 착용했다

통천관(通天冠)은 중국의 황제가 쓰던 관의 이름이다. 진 시황 때부터 사용했으며, 높이는 구촌(九寸)으로, 거여(車輿)를 타고 이동할 때 항상 착용했다.

고려의 수도였던 개성에서 발굴된 고려 태조 왕건의 동상에는 황제만이 쓰던 통천관을 쓰고 있다.

황제 아래 왕이나 제후는 검은 비단으로 만든 원유관(遠遊冠)을 착용해야만 하고 5색 구슬을 12개씩 꿰어단 통천관을 절대 쓸 수 없다.

2.
고려는 황제국 스모킹건 19

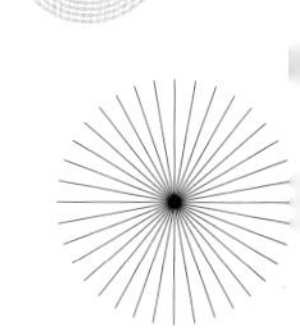

고려는 '왕국'(Kingdom)이 아니라 '제국'(Empire)이었다. 고구려보다 넓은 판도를 지배했던 고려 역대 군주는 천자로서 군림하며 왜국(일본), 여진(금), 천축(인도), 대식국(사우디아라비아) 50여 개 나라와 민족의 조공을 받았으며 고려가 천하의 중심임을 강조했다.

즉, 고려 태조 왕건 원년 918년 7월 25일(양력) 건국일 당일부터 원(元) 나라의 지배를 받게 되는 제24대 원종 사망 1274년 7월 23

황제국	짐(朕)	폐하陛下	태후太后	태자太子	절일節日	조서詔書
제후국	고(孤)	전하殿下	왕후王后	세자世子	탄일誕日	교서敎書
*고려는 356년간(태조원년 918년 – 원종15년 1274년) 황제국						

일(양력)까지 356년간 황제국에서만 쓸 수 있는 용어를 썼다. 고려는 군주의 칭호로 황제를 사용하였을 뿐만 아니라 짐(朕)·폐하(陛下)·태후(太后)·태자(太子)·태자비(太子妃)·태손(太孫)·절일(節日)·조서(詔書)·제왕(諸王)·친왕(親王)등 황제국 용어를 사용했고, 하늘에 대한 제사나 삼성체제(三省體制)를 운용했다.

1. 짐

짐(朕)은 원래 고대 중국에선 모두가 쓰는 용어였지만, 진 시황이 황제에 등극한 후, 황제만이 자칭할 수 있게 했다. 한국에서는 고려 태조 왕건 즉위 918년부터 24대 군주 원종 1274년까지 24명의 고려 군주는 스스로를 황제만이 자칭할 수 있는 '짐'이라 했다. 원 나라 간섭을 받기 시작한 충렬왕 때부터 '고(孤)'로 고쳐서 사용했다. 조선 시대 역대 왕들은 주로 '과인'이라 하다가 1897년 고종이 국호를 대한제국으로 고쳐 황제에 오르면서 '짐'이라는 칭호를 사용했다.

• 짐은 여러 공(公)의 추대하는 마음에 힘입어 구오통림[4]의 궁극에 올랐으니, 나쁜 풍속을 좋게 고치고 모든 것을 다함께 새롭게 만들려 한다.『고려사』세가 1권 태조 원년 918년 6월 16일(음), 7월 25일(양)

• "짐(朕)이 부족한 덕으로 삼한(三韓)의 임금이 된 지 12년이 됐다. 이제 옛 수도로 다시 돌아왔으므로 나라의 운명을 영원히 연장

---

[4]　구오통림의 극九五統臨之極: 유교 경전인 주역에서 나오는 구오의 존(九五之尊)이란 표현이다. 구오의 존은 올바른 자리, 황제의 자리 제위를 가리킨다.

하려고 하는데, 재해와 변고가 해마다 일어나고 있다.

　―『고려사』세가 27권 1271년(원종 12년) 10월 7일(음) 정유

2. 폐하

폐하(陛下)는 황제에 대한 경칭으로 '높이 우러러 볼 사람이기에 뜰에서 층계 위로 우러러 뵌다'라는 뜻을 가진 2인칭 칭호다. 전하(殿下)는 제후국의 왕이나 황태자에 대한 2인칭 칭호로 '전각 아래에서 뵈어야 하는 분'이라는 뜻이 담겨 있다. 고려는 태조부터 제24대 원종까지 폐하를 사용하였으나 원의 지배를 받게 된 제25대 충렬왕부터 전하로 격하됐다.

　• 폐하께서는 요임금의 성스러운 밝음과 순임금의 지혜로운 총명을 한 몸에 지니셨으니

　―『고려사』세가 19권 1170년(의종 24년) 1월 19일

　• 문 아래 서 있는데도 여러 날이 되도록 서명하지 않으시니, 외람되지만 폐하께서 취하실 바가 아니라고 생각하옵니다.

　―『고려사』세가 22권 1224년(고종 11년) 8월 18일

3. 태후

태후(太后)는 선황(先皇)의 정처(正妻)나 현황(現皇)의 모(母)에게

주어지는 책봉명이다. 황제의 생존한 할머니는 태황태후(太皇太后)라고 하는데, 모두 황제의 나라에서 통용되는 작호다. 황제국 고려역시 선황의 정처나 현황의 모후에게 태후를 책봉했다.

• 정종(定宗), 지덕장경정숙문명대왕 휘는 요(堯)이고 자는 천의(天義)이며, 태조의 둘째 아들로 어머니는 신명순성왕태후(神明順聖王太后) 유씨(劉氏)이다. ―『고려사』 세가 2권 정종 총서

• 천추태후(千秋太后) 황보씨가 숭덕궁에서 사거하다.
―『고려사』 세가 5권 1029년(현종20년) 1월 3일(음)

• 원종(元宗) 충경순효대왕의 이름은 왕식(王禃)이고 자는 일신(日新)이며, 옛 이름은 왕전(王倎)이다. 고종의 장자이며 어머니는 안혜태후(安惠太后) 유씨(柳氏)이다. ―『고려사』 세가 25권 원종 총서

4. 태자·태자비·태손

태자(太子)는 자주적인 황제국에서 황제의 뒤를 이을 황자. 차기 제위 계승자를 말한다. 경칭은 제후국의 왕과 같은 전하다. 태자비는 태자의 정처, 태손은 황제의 손자를 일컫는다. 우리나라는 삼국시대[5]부터 고려시대 원종 때까지 태자·태자비·태손을 사용하다가 충렬왕이후 원나라 간섭기에 세자·세자비·세손으로 격하됐다. 대한제국

---

[5] 유리이사금(儒理尼師今)이 즉위했다. 남해(南解)의 태자이다. ―『삼국사기』
신라본기 1권 24년 9월(음)

고종 황제가 광무 원년(1897년) 칭제를 하며 태자를 회복했다.

• 임금(왕건)이 아들 왕무(王武)를 책봉하여 정윤으로 삼았으니,
정윤은 곧 태자(太子)이다.
　─『고려사』세가 제1권 921년(태조 4년) 1월 10일

• 왕인의 딸을 태자비로 삼다.
　─『고려사』세가25권 1260년(원종 원년) 12월 31일

• 태손(太孫)이 천변이 일어날까 근심하고 두려워하며 사면령을
내렸다. ─『고려사』세가 25권 1260년(원종 원년) 1월 20일

5. 대금국 황제가 고려국 황제에게 글을 부친다

흔히들 고려는 원(元) 나라의 간섭이 있기 전에는 외왕내제(外王
內帝)체제였다고 한다. 즉, 외부적으로는 국왕을 칭하지만 내부적으
로는 황제를 칭하는 이중 체제라는 것이다.

그러나 중국이 고려의 군주를 황제로 부른 결정적인 증거도 따로
있다. 고려 시대를 기술한 우리나라 역사서 중 유일하게 보물로 지
정된 『제왕운기(帝王韻紀)』[6]에는 이런 구절이 명기되어 있다.

---

[6]　1287년(충렬왕13)에 이승휴(李承休)가 지은 『제왕운기』는 보물 418호, 895호,
1091호로 지정돼 있다. 세종대왕이 훈민정음과 더불어 심혈을 기울여 편집을 지
휘하고 조선 최고의 엘리트 집단 집현전 학사들이 수십년간 걸려 쓴 정사 『고려
사』와 그의 요약본 『고려사절요』는 각각 부산시 유형문화재와 경기도유형문화재

금 나라 시조는 우리를 일컬어 부모의 나라(父母鄕)라고 하고, 금 나라 사람들의 시에 이르기를, 삼한(三韓)은 부모의 나라(父母鄕)라고 하였으니, 대개 근본을 잊지 않은 것이다. 형제관계를 맺어 사신을 통하였다. 신(이제현)이 일찍이 식목집사가 되어 도감(都監)의 문서를 열람하였는데, 우연히 금국의 조서 2통을 얻었다. 그 서두에 모두 이르기를, '대금국(大金國) 황제가 고려국 황제(高麗國皇帝)에게 글을 부친다. 운운.'이라 하였으니, 이것이 형제관계를 맺은 증거이다.[7] ―『제왕운기』, 상권

『제왕운기』의 기록과 아래 중국의 정사(正史)『금사』 등을 크로스체크하면 시조를 비롯한 금국의 주체세력이 고려인을 알 수 있으며 금국의 군주가 고려의 군주를 고려 황제라고 칭했으리라 비정된다.

6. 성황·천자·신성제왕

고려는 중국과 마찬가지로 고려의 황제를 성황(聖皇), 신성제왕(神聖帝王), 천자(天子) 등 다른 단어로 돌려 부르기도 했다.

성황(聖皇)께서는 궁에서 기르게 하셨습니다. 상황(上皇)께서 맏아들여 왕비로 삼으시어 중전을 맡기시고 나라의 재원(才媛)을 여럿 낳아 짐의 짝이 되게 하였습니다.
　　―『고려사』 88권 열전 희종 후비 성평 왕후 임씨

로 처박혀 있다.

7　臣嘗爲式目執事, 閱都監文書, 偶得金國詔書二通. 其序皆云, '大金國皇帝, 寄書于高麗國皇帝云云.' 此結兄弟之訂也.

오늘날 신하가 임금을 높이고 찬미할 때 사용하는 호칭이 정도에 지나치므로 이는 매우 불합리한 일이다. 이제부터는 모든 상소나 공문서에서 신성제왕(神聖帝王)이라는 호칭을 쓰지 말라. —『고려사』16권, 세가 16권 인종 16년 2월

제21대 희종(1204~1211년 재위) 시기 이규보가 쓴『보한집』의 축시[8]에 보면, '천자(天子)'란 단어가 여러 번 오는 것으로 보아, 고려의 선조들은 고려의 군주를 천자로 불러 황제로 인식했음을 알 수 있다.

7. 「풍입송」, 해동천자 우리 황제 앞에 외국이 귀의하고 조공하네

필자는 고려의 군주를 황제, 천자로 연거푸 칭하는『고려사』의 기록을 발견했다.

해동천자이신 지금의 황제는(海東天子, 當今帝) 부처가 돕고 하늘이 도와 교화를 펴러 오셨네. 세상을 다스리시는 은혜가 깊으시니 원근과 고금에 드문 일이네. 외국에서 허리를 굽히고 달려와서 모두 귀순하여(外國躬趨盡歸依) 사방이 편안하고 깨끗해져서 창과 깃발을 내던지게 되니. 성덕은 요임금이나 탕임금에게도 견주기 어려우리. 또 태평시절을 즐기나니, 이곳에서는 생황과 통소의 소리 떠들썩하게 들끓는구나. 아울러 음악소리 가득하니 집집마다 기쁘게 연주하며,

---

[8] 天子之光, 천하一家, 天子壽而康建康長發祥, 我國斯無彊, 以近耿光.

『고려사』 제71권 지(志) 제25권 악(樂) 2 속악풍입송

아름다운 이삭 뽑아 향을 피우네. 오직 우리 군주가 만세토록(聖壽萬歲) 영원히 산같이 높고, 하늘같이 끝없기를 바랄뿐이네. 사해가 태평하고 덕이 있음이(四海昇平有德), 모두 요임금 시절보다도 낫구나. 변경과 조정에 아무런 사고도 없으니 장군은 보검을 휘두를 일 다시는 없겠구나. 남만과 북적이 스스로 내조하여(南蠻北狄自來朝), 온갖 보물을 우리 천자의 마루에 조공하는구나(百寶獻我天墀) 금으로 만든 섬돌과 옥으로 지은 전각에서 만세를 외치면서(金階玉殿呼萬歲) 우리 주군께서 오래도록 보위에 계시기를 바라네.

이러한 태평시절을 마주하니 악기소리, 노래 소리가 아름다워라.

주군은 성스럽고 신하는 현명하니 흙탕물이 맑아지고 바다의 파고도 잔잔하구나.

배나무 밭의 제자들이 우리 황제님 앞에서(我皇前) 백옥의 퉁소로 예상곡을 연주하네.

뜰을 가득 메운 신선의 음악이 음률에 맞으니 태평스런 술자리에서 군신이 함께 취하는구나.

황제의 마음이 매우 흡족하니(帝意多懽) 은루야, 바로 오늘은 자주 알려 재촉하지 말라.

문무 관료들이 절하면서 축하를 올리며, 모두 황제의 장수를 비네(共祝皇齡).

천자께서 옥련을 타고 환궁하시니(天臨玉輦廻) 금빛 궁궐, 푸른 누각에 상서로운 연기 어렸네.

꽃같이 흐드러진 미녀들이 천 개의 줄을 지어 늘어섰는데 생황에 맞춰 부르는 노래는 고요하고 밝아 모두다 신선 같구나. 환궁악사를 다투어 노래함은 성수만세(聖壽萬歲)를 알리기 위함일세.

— 『고려사』 제71권 지(志) 제25권 악(樂) 2 속악 풍입송(風入松)[9]

해동천자(海東天子) 해동은 고려를, 천자는 고려 황제를 나타낸다. '지금의 황제는〔當今帝〕'에서 '帝'란 글자에서도 볼 수 있듯이, 고려의 군주가 황제를 칭했음을 알 수 있다. 고려의 군주를 황제라고 칭한 표현으로는 '우리 황제님 앞에서(我皇前)', '황제의 마음이 매우 흡족하니(帝意多懽)', '모두 황제의 장수를 비네(共祝皇齡)', '천자께서 옥련을 타고 환궁하시니(天臨玉輦廻)'가 있다.

그 밖에도 '외국에서 허리를 굽히고 달려와서 모두 귀순하여(外國

---

9 海東天子, 當今帝佛, 補天助敷化來. 理世恩深, 邇邇古今稀. 外國躬趨盡歸依, 四境寧淸罷槍旗, 盛德堯湯難比. 且樂太平時, 是處笙簫聲鼎沸. 幷閭樂音, 家家喜祈祝, 焚香抽玉穗. 惟我聖壽萬歲, 永同山嶽天際. 四海昇平有德, 咸勝堯時. 邊庭無一事, 將軍寶劍休更揮. 南蠻北狄自來朝, 百寶獻我天墀. 金階玉殿呼萬歲, 願我主長登寶位. 對此太平時節, 絃管歌謠聲美. 主聖臣賢, 邂逅河淸海宴. 梨園弟子, 奏霓裳白玉簫我皇前. 仙樂盈庭皆應律, 君臣共醉太平筵. 帝意多懽, 是此日銀漏, 莫催頻傳. 文武官寮拜賀, 共祝皇齡. 天臨玉輦廻. 金闕碧閣繞祥烟. 繽紛花黛列千行, 笙歌寥亮盡神仙. 爭唱還宮樂詞, 爲報聖壽萬歲.

躬趍盡歸依) 남만과 북적이 스스로 내조하여(南蠻北狄自來朝)'는 고
려가 50여 개국과 민족이 귀순하고 조공을 바친 사실을 증언해주고
있다.

8. 고려제국의 통치체제는 황제국 체제다

중서문하성과 상서성과 6부(이·병·호·형·예·공)로 이루어진 2성6부
(二省六部) 황제국의 중앙정치체다, 제후국 조선은 성(省)은 없이 6
조(六曹)를 사용했다.

9. 황성과 경

황제국 고려는 제국의 수도 개경을 '황성(皇城)' 또는 '황도(皇都)'
부르고 대도시 행정단위를 개경, 서경(평양), 남경(한양), 동경(경주)
과 같은 '경(京)'이라 불렀다. 제후국 조선은 한양부, 전주부, 함흥
부, 평양부, 계림부(경주)등 경이 아닌 '부(府)'의 행정단위 명칭을
써야 했다.

10. 나상, 내성, 황성, 궁성 4중 구조

고려제국의 수도 개경의 구조는 황제국 송나라 수도 개봉보다 한
개 더 많은 나성(외성), 내성, 황성(발어참성), 궁성 순의 4중구조였

다. 제후국 조선은 궁궐만 세우고 궁궐 주변에 1개 담장같은 성벽을
쌓은 단일 구조였다.

11. 만세

　황제에 대한 경칭이자 황제 자체를 의미하는 '만세(萬歲)'를 사용
했다. 고려 황제의 제1정전인 '연경궁 정전 상량문'에는 '주상만세
만세(主上萬歲萬歲)'라는 구절이 있다. 조선왕국 군주는 고종황제가
대한제국을 선포한 1897년 10월 12일 이전까지 천세(千歲)를 사용
해야만 했다.

12. 태묘, 대사, 왕사

　고려 역대 황제와 황비의 위패를 모신 사당을 태묘(太廟)라고 했
다. 조선왕국은 태묘라 하지 못하고 종묘(宗廟)라고 불렀다. 황제와
황비의 제사명을 대사(大社), 기타 황실 가족의 제사명을 왕사(王社)
로 칭했다. 조선은 국사(國社)로 불렀다.

13. 역법(달력) 제정

　고려 황제들은 견행력(見行曆)·칠요력(七曜曆)· 태일력(太一曆)등
황제국 고유의 특징이라 할 수 있는 역법(달력)을 제정했다. 철리국

정안국 등 고려 주변국에서 고려제국의 역법을 받아 사용했다는 기
록은 고려가 황제국으로 행동했다는 증거다.

14. 절일

고려 황제와 태자 태후의 생일을 절일(節日)로 만들어 기념하였
다. 제후국의 군주는 탄일 또는 생일을 썼다(예: 문종: 성평절, 태자: 장
흥절, 예종: 함춘절, 태자: 영정절, 태후: 지원절 등).

15. 천성전, 천덕전, 천흥전

고려 황제의 집무실(정전)의 명칭 앞에 천자국만이 쓰는 '하늘 천
(天)'을 붙였다. 제1정전 연경전을 '천복전'·'천성전'으로, 제2정전
수덕궁을 '천덕전'·'천령전'으로, 제3정전 구제궁의 정전을 '천흥
전'으로 불렀다

16. 천우문, 통천문, 천지, 천구

고려제국 수도인 개경의 모든 문에도 '하늘 천(天)'을 붙여 불렀다.
'천우문', '승천문', '통천문', '좌우조천문', '천복문', '천덕문'이라 불
렀다. 만월대를 '천지(天墀)', '천구(天衢)', '천문(天門)'이라 불렀다

17. 태자, 태자부, 제왕 제왕부

황제의 후계 왕자를 태자(太子)로 불렀으며, 태자에 대한 경칭이 왕에 대한 칭호 '전하'였고 '태자부'라는 직속기관을 별도로 설치했다. 태자 외의 왕자들은 '제왕(諸王)'이라 통칭하였고, 산하기관은 '제왕자부'였으며 '영공전하'라 불렀다.

18. 천인, 대사천하

고려 황족의 결혼을 '천인(天姻)'이라 했고 고려 황제가 내리는 사면령은 '대사천하(大赦天下)'라 했다. 조선 국왕은 사(赦)라 못하고 '유'(宥) 또는 영지 경내에 내리는 유경내(宥境內)라 해야 했다. 대외국호 고려공화국 우리나라 대통령의 사면권은 유일하게 남은 고려제국의 유산이라 할까?

19. 제후국

고려제국은 일본, 동여진, 서여진, 흑수말갈, 홍요국, 정안국, 철리국, 탐라 등 수십 개 나라와 민족을 제후국으로 부렸다.

3.
호남 차별 근거로 날조 악용된
훈요십조의 진실

"차령산맥 이남과 금강 이남 출신은 반란의 염려가 있으므로 벼슬을 주지 말라" – 팔조금법 제8조

고등학교 시절 국사 교과서와 현재 위키피디아를 비롯한 각종 국내 텍스트에 적혀 있는 내용이다.

1. 왕건이 죽기 전에 치매라도 걸렸나?

차령산맥 이남이라면 충청도와 전라도 전체를, 금강 이남이라면 전라도 전체를 의미한다. 고려 태조 왕건이 충청도와 전라도 사람은 등용하지 말고 원수 취급하라는 말인데….

평생을 포용과 통합으로 후삼국을 통일하고 발해까지 통합하려고 필생을 몸 바친 왕건이다. 전국 20여 호족의 딸과 정략결혼하고 나주 호족 딸 사이의 소생(혜종)을 후계자로 정했다. 그런데 죽기 몇 달 전에 급성 치매에도 걸렸던 것일까? 참 알다가도 모를 왕건이다.

이는 필자가 청소년 시절부터 국사 시간에 품어왔던 아주 오래된 의문이다.

한국 사학계 주류이자 식민사관의 태두 이병도(李丙燾, 1896~1989년)[10]는 한국역사 왜곡의 첨병이었던 이마니시류(今西龍, 1875~1932년)의 수제자격이다. 1926년 이마니시류가 훈요십조와『고려사』전체를 싸잡아 신뢰할 수 없는 역사서로 운을 띄웠다.

그러자 당시 이마니시류 휘하의 조선사편수회 촉탁 이병도는 대담하게도『고려사』에 명기된 '차현이남(車峴以南)'과 '공주강외(公州江外)'를 각각 '차령산맥 이남(車嶺山脈以南)'과 '금강 이남(錦江以南)'으로 은근슬쩍 변조하는 만행을 저질렀다.

이를 박정희 전 대통령과 그의 후예들이 호남 차별의 역사적 근거로 악용해 지금에 이르고 있다.

---

10   이마니시류의 수제자격 조선사편수회 촉탁, 경성제국대학 조선사 교수, 문교부장관, 국사편찬위원회 위원장, 대한학술원 의장, 서울대학교 대학원 원장, 5.16 민족상 심사위원회고문, 국민훈장 무궁화장 수상, 민족문제연구소,『친일인명사전2』876~877쪽,

2. 차현은 어디인가?

　• 차현 이남, 공주강외의 산형 지세가 산의 모양과 땅의 기세가
모두 배역으로 뻗어 있는데[11]
　 —『고려사』세가 제2권 943년(태조26년) 4월(음)

　'현(峴)'은 얕은 구릉의 고개를 가리키고 '령'(嶺)은 산맥이나 험
준한 산마루의 고개를 의미한다.[12] 아현동, 회현동, 송현동의 '현'은
나지막한 언덕을, 추풍령, 죽령, 대관령의 '령'은 험준한 고개를 뜻
하는 것처럼 말이다.

　'차령산맥'이라는 명칭은 1903년 일본의 지질학자 고토분지로(小
藤文次郞 1856~1935년)가 인부 4명과 당나귀 여섯 마리로 한국의 산
맥을 지질학적으로 조사해 14개로 분류하면서 만든 조어다. 오늘날
까지 사용되고 있는 왜식용어로 구한 말 이전의 문헌에는 없는 명
칭이다. 차령산맥 이남이라면 충청도와 전라도 전체가 된다.

---

[11]　여덟째, 차현(車峴)이남과 공주(公州강)외는 산의 모양과 땅의 기세가 모두
배역으로 뻗어 있는데 사람들의 마음도 그러하다. 그(산세)하의 주군(州郡)의 사
람들이 조정에 참여하고 왕후나 외척과 혼인하여 나라의 정사를 잡게 되면, 국가
의 변란을 일으킬 수도 있고 통합당한 원한을 품고 침범하며 난을 일으킬 수도 있
다. 또 일찍이 관청에 예속된 노비와 진·역의 잡척이 권세가에게 투탁하여 신분
을 옮기거나 역을 면제받기도 할 것이며, 왕후귀족에 빌붙어 간교한 말로 권력을
희롱하고 정사를 어지럽게 하여 재앙에 이르게 하는 자가 반드시 있을 것이다. 비
록 양민이라 하더라도 마땅히 그를 관직에 올려 일을 맡겨서는 안 된다
其八日，車峴以南，公州江外，山形地勢，並趨背逆，人心亦然．彼下州郡人，参與朝
廷，與王侯國戚婚姻，得秉國政，則或變亂國家，或嗛統合之怨，犯蹕生亂．且其曾屬
官寺奴婢，津驛雜尺，或投勢移免，或附王侯宮院，姦巧言語，弄權亂政，以致災變者，
必有之矣．雖其良民，不宜使在位用
[12]　李善注：《声类》曰："峴，山岭小高也 嶺，顶上有路可通行的山，亦泛指山峰"

2004년 국토연구원에서 인공위성과 과학적인 기법을 이용하여 측정한 결과 아예 차령산맥 자체가 없는 것으로 드러났다. 이른바 차령산맥이라는 지역은 해발 100~300m의 낮은 구릉 지대의 하나일 뿐이다.

차현(수레티 고개)은 한남금북정맥의 마이산 황색골산 마이산(馬耳山), 차현(車峴), 황색골산, 걸미고개를 지나 칠현산 칠장사에 이른다. 칠장사에는 여러 구전이 내려오는데 궁예가 10세까지 활쏘기를 하며 유소년기를 보낸 활터가 남아 있다. 차현은 중부고속도로의 개통과 함께 절단되었고, 그 자리에는 화봉육교가 583번 지방도로를 연결하고 있다.

[왼쪽] 차현(車峴; 수레티 고개) 경기 안성군 일죽면과 충북 음성군 삼성면 경계 소재, 차현은 중부고속도로로 절단되고 그 위에 583지방도를 연결하는 화봉육교가 놓여 있다. [오른쪽] 궁예의 유소년 시절 은거지인 차현 인근의 칠장사(어린 궁예가 활쏘기 연습하는 벽화 – 칠장사 명부전).

1) 공주강외(公州江外)는 어디인가?

공주(公州)는 고려 태조 왕건이 최초로 명명한 지명이다.

공주(公州)는 본래 백제의 웅천으로, 문주왕이 한성에서 옮겨와 도읍했다. 성왕 때 이르러 다시 도읍을 남부여로 옮겼다. 신라와 당이 협공해 백제를 멸망시켰는데, 당이 웅진도독부(熊津都督府)를 두고 군대를 잔류시켜 진압했다. 당 군대가 돌아가자, 신라가 그 땅을 모두 차지하였다. 신문왕 때 웅천주로 고치고, 도독을 두었으며, 경덕왕때 또 웅주로 고쳤다. 태조 23년(940)에 지금 이름 공주로 바꾸었다(『고려사』, 56권 지10 지리 양광도 공주).

남한에서 세 번째로 긴 강 금강[13]은 충남 공주시에서는 웅진강 또는 곰강으로 불린다. 공주강이라 하지 않는다.

'백두산 이남부터 한라산 이남까지'란 말이 있는가? '백두산 이남부터 한라산 이북까지' 해야지 정상 아닐까. 이병도와 그 후예 식민사학계는 차현이남, 공주강외를 각각 차령산맥이남과 금강이남으로 조작하고, 또 이를 충청 호남차별 또는 호남차별로 악용했다.

배산임수(背山臨水), 북쪽에 산을 등지고 남쪽의 강을 바라보는 입지를 뜻한다. 중국에서 장성외(長城外)는 만리장성 이북을 뜻한다. 성·산·강 외는 주로 북쪽을 뜻하고, 성·산·강 내는 남쪽을 의미한다. 성외는 북쪽을, 성내는 남쪽을 가리킨다. 공주강외(公州江外)는 다시 말하면 공주성 금강 북쪽을 가리킨다.

2) 왜 공주강외(금강 이북)인가

기마대장군 이흔암을 역모죄로 길거리에서 처형하여 시체를 버려 놓았다(馬軍大將軍伊昕巖, 謀叛棄市). ─『고려사』세가 1권, 918년 6월 28일(음)

---

[13] 금강(錦江 408km). 금강의 발원지는 전북 장수군 장수읍 신무읍 산 109번 신무산의 뜬봉샘이 발원지다. 금강이 충남 금산에 들어오면 적벽강으로 불리다가 충북 영동군을 지나는 구간에서는 양강으로 불린다. 금강이 공주시에 곰강 또는 웅진강으로 바뀌다가 부여에 이르면 백마강으로 불린다.

이는 태조 왕건이 고려 건국을 선포한 지 불과 10일째 되던 날 기사다.

이흔암은 누구인가? 아래 『고려사』 열전 40권 반역열전(1) 두 번째 등장인물 기마부대 총사령관 이흔암에 대한 기사를 살펴보자.

공주 출신 이흔암(伊昕巖)은 궁술과 기마술을 일삼았으나 다른 재주와 식견은 없었으며 이득 있는 일이라면 재빨리 챙기는 자였다. 궁예(弓裔)를 섬기다가 기략으로 벼슬을 얻었다. 궁예 말년에는 군사를 거느리고 공주를 습격하여 점령하고, 그곳을 수비하였다. 태조가 즉위했다는 소식을 듣고, 몰래 흥계의 마음을 품고서 부르지도 않았는데 스스로 태조에게 이르니, 사졸들이 대부분 도망하였으므로 이에 웅주는 다시 백제의 땅이 되었다. 한찬(韓粲) 수의형대령(守義刑臺令) 염장(閻萇)이 이흔암과 이웃하여 살았으므로 그 음모를 알아차리고 갖추어 보고하였으나, 태조가 말하기를, "이흔암은 지키던 곳을 팽개치고 스스로 나에게로 와서 변방의 영토를 잃었으니 그 죄는 참으로 용서하기 어렵다. 그러나 나와 어깨를 견주며 궁예를 섬기었고 평소 정분도 있으니 차마 처형할 수 없다. 또한 모반의 증거가 뚜렷이 드러나지 않았으니 그는 반드시 말이 있을 것이다."라고 하였다.

염장이 그를 은밀히 감시할 것을 건의하니, 태조가 내인(內人)을 염장의 집에 이르게 하여 장막 속에서 몰래 엿보게 하였다. 이흔암의 처 환씨(桓氏; 청주 출신 반역자 환선길의 여동생)가 변소에 이르러 사람이 없다고 생각하고 소변을 마치고 길게 탄식하며 말하길, "남편의 일이 제대로 잘되지 않으면 나도 화를 입겠구나."라며 들어갔다.

내인이 정황을 보고하니, 마침내 이흔암을 하옥시키고 모두 자백을 받아내었다. 백관에게 그 죄를 논하게 하니, 모두 말하기를, "처형함이 마땅합니다."라고 하였다.

태조가 친히 꾸짖으며 말하기를, "네가 평소 흉계를 쌓아두고 있다가, 스스로 형벌에 빠진 것이다. 법이란 천하의 공평한 것이니 내 마음대로 할 수는 없다."라고 하니, 이흔암은 눈물을 흘릴 뿐이었다. 저자거리에서 참수하고 가산을 몰수하게 하였으며 그 일당들의 죄는 불문에 부쳤다.

― 『고려사』 127권 열전 40 반역(叛逆) 이흔암

이흔암은 태조 왕건과 어깨를 견주며 궁예를 섬기었던 동급 대장군이었다. 공주 출신 이흔암의 반역에 대한 왕건의 충격은 유훈『훈요십조』에 공주강외로 남길 만큼 깊고 아팠으리라.

왕건이 940년 웅주(熊州)를 공주(公州)로 지명을 바꾼 이유도 기마대장군 이흔암 공(公)에 대한 애증의 추모가 아니었을까?

3) 태조 왕건에 끝까지 저항한 청주 호족들

차현 이남과 공주 이북 사이에는 청주가 있다. 청주지방 일대는 신라 말 5소경의 하나로 궁예의 정치적 기반이었다. 궁예는 백두대간과 금북정맥, 금남정맥 등의 산줄기로 완전히 둘러싸여 있는 청주 출신 사람들을 각별히 신임하여 중용했다. 왕권 강화를 위해 청주 사람들을 철원으로 이주시켜 왕조의 기반으로 삼았다.

궁예가 철원으로 도읍을 정할 때, 청주 민호 1천호를 철원으로 이주시켰다(靑州人戶一千 入鐵圓城爲京). ―『삼국사기』궁예 열전

『고려사』열전 제40권(환선길)부터 제45권(신돈)까지 반역 열전이다. 반역 열전 첫 번째 등장인물은 청주 출신 환선길, 두 번째 인물은 앞에서 이야기한 공주 출신 이흔암이다.

918년 6월 19일(음) 왕건은 고려를 건국한 지 4일 만에 암살사건이 일어나 죽을 고비를 넘긴다. 암살의 역모 주도자는 청주 출신 기마 장군 환선길(이흔암과 처남 매부)이었다. 그는 왕건과 함께 고려의 건국에 참여한 장군이었다.

마군 장군 환선길이 역모를 꾀하다가 주멸되다(馬軍將軍桓宣吉, 謀逆伏誅). ―『고려사』세가 10권 918년 6월 19일(음)

환선길(桓宣吉)은 그 동생 환향식(桓香寔)과 함께 태조를 보좌하는 공을 세웠다. 태조는 환선길을 기마 장군에 제배하여 심복으로 삼은 다음 항상 정예군을 거느리고 호위하게 하였다. 그 처가 일러 말하길, "당신은 재주와 용력이 남보다 뛰어나 사졸들이 복종하며 큰 공도 또한 세웠는데, 권력은 다른 사람에 있으니, 어찌 분하지 않을 수 있습니까?"라고 하였다.

환선길도 마음으로 그렇다고 여기고, 드디어 병사들을 몰래 집결해 두었다가 틈을 엿보아 변란을 일으키려 하였다. 기마 장군 복지겸이 이를 알고 은밀히 보고하였으나 태조는 증거가 아직 나타나지 않았다며 받아들이지 않았다. 어느 날 태조가 궁전에서 학사 몇 사람들과 국

정을 논의하고 있는데, 환선길이 부하 50여 인과 함께 무장하고는 동쪽 곁채에서 안뜰로 돌입하여 곧장 태조를 해치려 하였다. 태조가 지팡이를 짚고 서서 큰 소리로 질책하며 말하기를, "짐이 비록 너희들의 힘으로 왕이 되었지만 어찌 천명이 아니겠는가? 천명이 이미 정하여졌거늘 네가 감히 이럴 수 있느냐?"라고 하였다.

환선길이 태조의 말과 얼굴빛이 태연한 것을 보고 매복한 군사가 있다고 여겨 부하들과 함께 달아나니, 태조의 호위병들이 구정까지 추격하여 모두 사로잡아 죽였다. 환향식이 뒤에 이르러 일이 실패했음을 알고 역시 도망하였으나 병사들이 추적하여 모두 죽였다.

환선길뿐만이 아니었다. 청주 출신 호족들은 옛 태봉 세력인 궁예의 친위세력으로, 새롭게 권력을 잡은 왕건에 저항을 거듭했다.

순군리(徇軍吏) 임춘길 등이 반역을 꾀하였으므로 처형하였다.
― 918년 9월 15일(음)

고려가 건국된 지 4개월 만에 순군리(경호원), 임춘길, 배총규, 강길아차, 경종 등을 청주 출신 반역자를 처형했다. 왕건은 이들을 모두 죽이려 하였지만 청주 출신 수하 현률이 만류해 왕건은 이들을 용서하고 회유하려다가 처형하는 것이 옳다는 염상의 건의를 듣고 모두 처형했다.

고려 건국 5개월 만에 청주의 수령 진선(陳瑄)이 그의 동생 선장(宣長)과 더불어 반역을 꾀하였으므로 처형했다.
― 『고려사』 918년 10월 21일(음)

• 태조가 즉위하자, 청주인 가운데 변란을 일으키려는 자가 많아서 일찍 대비하지 않으면 반드시 후회가 있을 것 같았다. 태조가 기마군 장군 홍유·유금필 등에게 병사 1500명을 이끌고 진천에 진을 치고서 대비하게 하였다. 얼마 지나지 않아 도안군에서 아뢰기를, "청주가 몰래 백제와 우호를 맺고 반란을 일으키려 합니다."라고 하였다. 태조가 또 기마장군 능직에게 군을 거느리고 진무하게 하였다. 이 때문에 반란을 일으킬 수 없었다. ─『고려사』열전 5권 견금전,

태조 왕건은 다른 지역과 달리 끝까지 저항하는 청주가 두고두고 골칫거리였다.『고려사』에는 수도 개성에서 머나먼 청주까지 위무하기 위해 세 번이나 행차했다고 기록하고 있다.

• 청주가 귀부하지 않고 쥐떼 두목처럼 반역의 기회만 엿보며(首鼠順逆) 유언비어가 자주 일어나므로, 태조가 직접 행차하여 위무하여 성을 쌓게 했다. 919년 8월 9일(음) 계묘(癸卯)
• 태조가 청주에 행차하다. 928년 7월 13일(음)
• 태조가 청주에 행차하다. 930년 8월 12일(음)

태조 왕건은 고려 건국 후 불과 4일 만에 자신을 암살하려 한 청주 출신 환선길 일족을 주멸하고 청주 일대에 번창하던 환(桓)씨의 씨를 말렸다. 연이어 고려 건국 후 불과 10일 만에 반역한 공주 출신 이흔암 일족을 참살하고 공주 일대에 번성하던 이(伊) 씨들의 씨를 말렸다. 2000년 인구조사에 의하면 전국에 환(桓) 씨는 125명, 이(伊) 씨는 850명에 불과하다(2000년 인구조사).

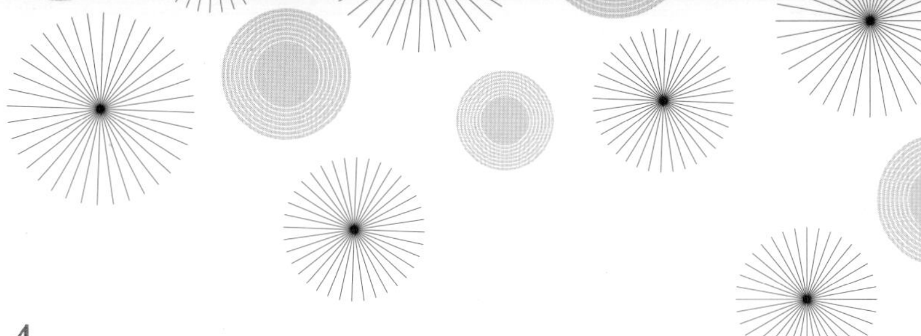

4.
천안(天安)은 황제 국가의 도시 이름

1. '하늘 천(天)'이 앞에 나오는 도시 이름은 황제 국가만이 붙일 수 있는 특권

한국, 중국, 일본, 베트남 등 한자문화권 국가 도시 이름 가운데 하늘 '천'이 앞에 나오는 도시는 단 세 곳이다.[14] 한국의 천안(天安), 중국의 텐진(天津)과 텐수이(天水). 일본과 베트남에는 단 한 개도 없다.

하늘 '천'이 뒤에 나오는 지명은 한국의 순천(順天), 옛 중국의 봉

---

[14] 한·중·일, 베트남뿐만 아니라 태국·라오스·캄보디아·미얀마·레이시아 등 동남아 국가들의 도시를 전수 분석했으나, 도시이름 앞에 하늘을 의미하는 단어가 붙은 도시는 한국의 천안(天安), 중국의 텐진(天津)과 텐수이(天水), 단 세 곳뿐이다.

천(奉天: 지금의 랴오닝성 중심도시 선양(瀋陽)과 베트남 중부의 투어티엔후에성(承天順化省 Tỉnh Thừa Thiên – Huế)의 투어티엔(承天)이라는 마을뿐이다.

대한민국(북한지역 포함)의 도·시·군·구뿐만 아니라 읍·면·동[15] 이름에 하늘 천(天)이 붙은 지명은 충청남도 천안(天安)시 단 하나뿐이다.

중국에는 천안문은 있어도 천안은 없다. 남한 땅의 96배 광활한 중국땅에 하늘 천 자가 앞에 붙는 두 도시 중 유명한 텐진 직할시의 지명은 '천자(天子)가 다니는 나루터'라는 뜻이다.

간쑤(甘肅)의 텐수이시 지명은 삼황오제의 천황(天皇)이자 동이족의 두령인 복희(伏羲)씨 탄생지에서 나왔다. 텐수이는 희황고리(羲皇故里)의 별칭을 갖고 있으며 지금도 매년 음력 정월 16일 복희씨의 탄생일에 성대한 제사를 지내고 있다.

그런데 천안시 홈페이지를 비롯 각종 온·오프라인에는 천안이라는 지명은 '하늘 아래 편안한 곳'이라는 의미로 지었다고 밋밋하게 적고 있다. 그런데 하늘 아래 가장 편안한 곳이 천안 한 군데뿐인가?

고려 태조 왕건 황제에 끝까지 저항한 사람들은 지금 천안의 목

---

[15] 서울시 서대문구 천연동(天然洞)이 있으나, 이는 주변에 자연적으로 생긴 천연(天然)못이 있던 곳으로 연유된 지명으로 천자(황제)는 물론 하늘 천과도 관련이 없다.

천 지역민이다.

강희맹, 서거정이 편찬한 지리서『동국여지승람(東國輿地勝覽)』을
보자. 고려 태조가 고려를 건국하자 목천(木川) 지역 사람들이 순응
하지 않고 끝까지 저항하자 왕건이 그 곳 사람들에게 동물의 이름
으로 돼지 돈(豚), 코끼리 상(象), 소 우(牛), 사슴 장(獐)등의 성씨를
부여했다. 그 후손들이 돈(頓), 상(尙), 우(禹), 장씨(張氏)로 개성(改
姓)한 것으로 기록돼 있다.

그러나 태조 왕건은 목천 부근에 930년 황도 개경에 비견되는 제
2 수도를 건설하며 천안(天安)으로 명명한다. 이는 고려왕국 개국
익일 918년 7월 26일 자신을 구오통림지극 황제로 등극을 선포한
'군주와 백성이 다 함께 모든 것을 새롭게 바꾸려 한다'는 함여유신
(咸與惟新)의 대개혁과 대 포용정책의 위대한 실천이다.

태조가 행차하여 천안부를 설치하다.
　─『고려사』세가 1권, 930년 8월 미상

천안부(天安府)는 태조 13년(930) 왕건이 산(태조산)에 올라 오룡
쟁주의 지세를 살피고 동·서도솔을 합하여 천안부로 만들고, 도독
을 두었다. ─『고려사』56권 11지 지리 양광도 천안부 연혁

2. 천안은 '황제가 백성을 기쁘게 하여 천하를 안정시키는 곳' 이라는 뜻

희한하게도 천안이라는 지명은 하늘 아래 가장 편안한 장소라는 뜻으로 지정했다고 무덤덤하게 적어놓았다. 그러나 이것은 어딘가 어폐가 있다.

세상에 그 어찌 하늘 아래 가장 편안한 곳이 천안 한 군데뿐이라는 말인가? 세상에는 편한 곳이 한두 군데가 아니기 때문이다.

천안의 천(天)은 황제(皇帝; emperor)를 뜻한다. 안(安)은 형용사보다 동사로 쓰이는데 여기서는 태조 왕건의 '함여유신'의 정신, 즉 백성을 기쁘게 하여(樂意; be happy to)와 천하를 안정시키다(安着; stabilize)를 뜻한다. 즉 천안은 황제가 백성을 기쁘게 하여 천하를 안정시키는 곳을 의미한다.

부연하자면 천(天)은 단순히 '하늘'이라는 의미가 아니다. 천(天)이 단순히 하늘을 뜻한다면 天이 앞에 붙은 도시 이름이 수도 없이 많았을 것이다.

고려 황제의 집무실(정전)의 명칭 앞에 천자국만이 쓰는 하늘 천을 붙였다. 제1정전 연경전을 '천복전', '천성전'으로, 제2정전 수덕궁을 '천덕전', '천령전'으로, 제3정전 구제궁의 정전을 '천흥전'으로 불렀다.

고려제국 수도인 개경의 모든 문에도 '하늘 천'을 붙여 불렀다. '천우문', '승천문', '통천문', '좌우조천문', '천복문', '천덕문'이라 불렀다. 만월대를 '천지(天墀)', '천구(天衢)', '천문(天門)'이라 불렀다.

고려의 조정을 천조 '천정(天庭)'이라 하였다. 여진들이 고려에게 조공하였을땐 '조천(朝天)'이라 하였다. '조천'은 신하가 황제를 알현할 때 쓰는 표현으로 '하늘을 받든다'란 뜻이다.

황위를 '구천지위(九天之位)', '천위(天位)'라 했다. 고려 황족의 결혼을 '천인(天姻)'이라 하였다.

또한 태조 친위군을 천군(天軍)이라고 하고 후삼국통일 최후의 결전 일리천 전투에서 천무군대장군 등으로 칭호를 붙여 최후의 승전을 이루었다. ―『고려사』 세가 2권 936년(태조 19년) 9월 8일(음)

3. 천안 출토 청동상의 주인공은 왕건이 확실하다

2016년 6월 머리 부분만 남아 있는 청동상(크기 9.11㎝)이 목천읍의 한 산 중턱에서 발견됐다. 당시 개성에서 출토된 청동 왕건상과 유사한 관을 쓰고 있는 점에서 왕건상일 가능성이 제기됐다.

출토된 청동상은 관(冠)을 쓴 머리 부분(頭部)만 남아 있으며 크기는 높이 9.11cm, 두부 8.41cm, 측면 5.82cm, 폭 6.82cm다. 관의 중앙에는 금박산으로 불리는 오각형의 산이 있으며 그 안에 왕(王)자가 새겨져 있다.

[왼쪽] 개성 출토 왕건 청동상. [오른쪽] 천안 출토 왕건(추정) 청동상

이를 두고 국내 학계에서 '왕건상이 맞다, 아니다' 논쟁이 치열하다. 이에 대해 필자는 위에서 말한 천안의 황제 국가만이 붙일 수 있는 지명이라는 근거와 함께 아래와 같이 천안 출토 청동상이 "금박산으로 불리는 오각형의 산이 있다"는 대목에 착안, 비교 분석한 결과 왕건상이 확실시된다고 비정(比定)한다.

중국 최고 권력의 상징 톈안먼(天安門)은 5개의 통로를 뚫은 성벽 위에 목조 누각을 지은 대표적인 성문 건축이다. 9·5의 수를 사용하였는데, 이는 황제를 위한 구오지존(천자의 자리로 황권을 상징)과 지극히 높아 위가 없는 지극의 뜻을 상징한다.

58

또한 중국 역대 황제가 쓰는 통천관(通天冠)은 고산관(高山冠)이
라고 하는데 시대마다 조금씩 다르지만, 반드시 금박으로 된 산이
앞으로 기울어 있고 관 위에 매미 무늬(선문·蟬紋)가 장식되어 있다.

5.
고려는 삼한+발해 4한 통일 제국

고려는 후삼국통일이 아니라 후고구려 후백제 신라 등 3한과 발해를 하나로 대통합한 후 4한 통일제국이다.

한국 대표 정사(正史) 『고려사』에는 '귀부'(歸附)와 '내투'(來投)라는 두 단어가 유독 많다. 각 나라와 민족들이 고려에 '귀부'와 '내투'한 기록이 각각 23회, 117회나 된다.

'귀부'는 영토를 가지고 와서 항복하는 것이고 '내투'는 주로 몸만 항복하는 것이 다르다.

고려제국은 귀부와 내투로 시작했다. 896년 왕건이 송악군을 가지고 후고구려 궁예에게 귀부하니 궁예가 크게 기뻐하며 그를 금성

태수로 삼았다.

  926년 발해의 태자 대광현(大光顯)이 1만호(현재의 100만호에 해당함)를 이끌고 귀부와 내투했다. 935년 6월 후백제 견훤히 내투했고 10월 신라 경순왕의 귀부했고, 936년 9월 후백제 신검을 격파함으로써 후고구려 발해 신라 후백제 4국통일의 기틀을 마련했다. 단, 북방영토 발해에 대해서는 귀부와 내투의 포용, 외교와 군사수단을 병행 점진적 흡수통일을 이루어냈다.

  993년 서희의 강동6주 회복, 1107년 윤관의 동북영토 9성수복, 1117년 김인존의 서북영토 회복, 공민왕 우왕 1392년 고려가 망할 때까지 계속된 발해고토 흡수통일정책의 실천 과정의 궤적이었다.

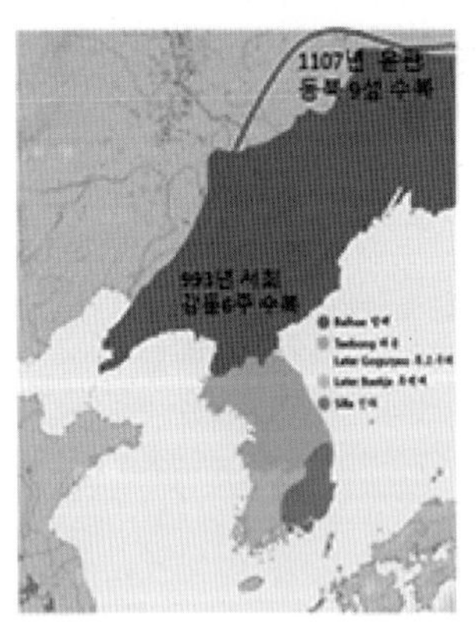

중국 관방학계 다수가 공언 공개하고 있는 고려의 정확한 동북경계지도 출처: 중국최대포털 바이두

62

고려는 후삼국 통일왕국이 아니다. 발해—신라—후백제—후고구려를 하나로 대통합한 4국 통일제국이다. 『고려사』에 기재된 수많은 증거들 중에 손이 가는 대로 36개만 골라 뽑으면 다음과 같다.

1) 고려의 서북은 그 이르는 곳이 고구려에 미치지 못했으나, 동북은 그것을 넘어섰다.

2) 918년 8월 9일(음) "각 지방에 사절을 보내 은혜를 베풀고 화해하려는 뜻을 보이도록 하라."라고 하니 귀부하는 자가 과연 많았다.

3) 921년 2월 7일(음) 흑수족 추장 고자라가 170인을 거느리고 내투하다.

4) 921년 4월 29일(음) 흑수인 아어간이 200인을 거느리고 내투해 오다.

5) 925년 9월 10일(음) 거란에 의해 멸망한 발해인들이 계속 귀부해 오다.

6) 925년 12월 29일(음) 발해 장수 모두간 등 백성 1000호를 거느리고 귀부해 오다.

7) 925년 3월 24일(음) 궁성에서 70척 긴 지렁이가 나왔는데, 발해국이 내투할 조짐이다.

8) 928년 7월 8일(음) 발해인 대유범 등이 백성을 거느리고 귀부해 왔다.

9) 928년 9월 25일(음) 귀부해 온 발해인 은계종 등이 3번 절하다.

10) 929년 6월 23일(음) 발해인 홍견 등이 배 20척에 사람과 재물을 싣고 귀부해 왔다.

11) 929년 9월 10일(음) 발해인 정근 등이 내투해 오다.

12) 934년 7월(음) 발해국의 세자 대광현이 무리 수만을 거느리고 내투하자, 성명을 하사하여 왕계(王繼)라 하고 종실의 족보에 넣었다. 특별히 원보(元甫)로 임명하여 백주(白州)를 지키면서 제사를 받들게 하였다. 그를 따르는 측근 인물에게는 관직을, 군사들에게는 토지와 집을 주었는데 차등이 있었다.

13) 934년 12월(음) 발해의 진림등 장군들이 백성 100호를 거느리고 귀부해 왔다.

14) 936년 9월 태조 왕건은 후삼국을 통일했으나 이에 대한 어떠한 축하 발언이나 축제 행사도 찾을 수 없다.

935년 6월 후백제의 견훤이 투항하고 10월 신라왕 경순왕 김부(金傳)가 항복해 오며 땅을 바쳤다. 936년 9월 태조 왕건이 견훤의 반역한 아들 견훤의 반역한 아들 신검(神劍)을 토벌하니 후백제가 멸망했다.

◆ 서희의 강동육주 수복, 동여진족 15개주 귀부

15) 938년 발해인 박승 등 3천여 호(현재의 30만호에 해당)가 투항
해오다.

16) 979년 발해인 수만 명이 내투해 오다.

17) 994년 서희에게(서)여진을 축출하고 장흥진·귀화진·곽주·구
주(龜州)에 성을 쌓게 하다.

18) 995년 서희에게(서)여진 지역에 깊숙이 들어가 안의진과 흥
화진에 성을 쌓게 하다.

19) 1021년 3월 18일(음) 철리국(지금의 흑룡강성 자무스시 일대)에
서 귀부를 청하다 철리국(鐵利國)에서 사신을 보내 예전처럼 귀부할
것을 청하는 표문(表文)을 올렸다.

20) 1029년 8월 9일(음) 동여진의 대상(大相) 쾌발이 자기의 족
속 300여 호를 인솔하여 내투하자, 발해의 옛 성터를 하사하고 그
곳에 살게 했다.
발해의 성터가 이미 고려의 영토임을 알 수 있다,

21) 1029년 9월 3일(음) 발해의 후예 흥요국이 개국을 알려오다.

22) 1030년 5월 13일(음) 거란의 수군지휘사 호기위 대도와 이경

등 6인이 내투했다. 이때부터 내부하는 거란인과 발해인이 매우 많았다.

23) 1030년 9월 6일(음) 발해의 후예 흥요국이 멸망하다.

영주자사 이광록이 와서 위급함을 알렸는데, 얼마 안 되어 흥요국이 망하였다는 소문을 듣고 마침내 체류하고 돌아가지 않았다.

24) 1030년 10월(음) 거란의 해가(奚哥)와 발해의 백성 500여 인이 내투하여 강남(江南: 예성강 남쪽)의 주군(州郡)에 살게 하였다.

25) 1031~33년 3년 사이에 발해인이 내투한 기록이 『고려사』에 10차례 나온다.

26) 1073년 4월 3일(음) 제서(制書)를 내려 이르기를,

동북 변방의 15주 밖의 번인(蕃人)들이 잇달아 귀부하여 군현(郡縣)을 설치해 달라는 바람이 지금에도 끊이지 않으니, 이는 실로 종묘와 사직의 신령 덕분이다. 멀고 가까운 번인들이 모두 귀순하기를 기다려서 주현(州縣)을 넓혀 정한 뒤에 몸소 종묘와 사직에 감사를 행하려고 한다.

◆ 윤관은 동북고토를, 김인존은 서북강토를 수복

27) 1107년 12월 15일(음) 윤관(尹瓘)이 여진(女眞)을 쳐서 크게 패배시키자, 여러 장수를 보내 경계를 정하고 웅주(雄州)·영주(英

州)·복주(福州)·길주(吉州)의 4주(州)에 성을 쌓았다.

28) 1108년 2월 27일(음) 윤관(尹瓘)이 여진을 평정하고 새로 6성을 쌓았으므로 표문을 받들어 하례하였다. 공험진(公嶮鎭)에 비를 세워 경계로 삼았다.

29) 1108년 3월 30일(음) 윤관이 포로 346구와 말 96필, 소 300여 마리를 바쳤다. 윤관이 또 의주(宜州)·통태(通泰)·평융(平戎)에 세 성을 쌓고, 남계(南界)의 백성을 이주시켜 새로 쌓은 9성을 채웠다.

30) 1117년 3월 3일(음) 거란의 내원성자사 상효손(常孝孫)은 성을 지키지 못할까 두려워하여 주민을 이끌고 배를 타고 도망하였으며, 내원성(來遠城)·포주성(抱州城)의 2성은 우리에게 귀부했다. 김인존이 병사를 데리고 그 성을 차지하여 병장기와 물화를 거두었는데 매우 많았으며, 드디어 압록강(鴨綠江)까지 지계(地界)를 넓혔다. 예종이 크게 기뻐하여 포주를 의주방어사(義州防禦使)로 고치고 압록강을 국경으로 삼아 관방을 설치했다.

◆ 이러한 고려에 만국이 허리를 굽히고 달려와 귀순하였다

31) 1116년 12월(음) 이달에 거라인 33인, 한인(漢人) 52인, 해인(奚人) 155인, 숙여진인 15인, 발해인(渤海人) 44인이 내투하다.

32) 1117년 1월 3일(음) 발해 등 각 족속들이 요에서 내투하다. 발해인 52인, 해인 89인, 한인(漢人)인 6인, 거란인 18인, 숙여진인 8인이 요에서 내투했다.

33) 1359년 11월 15일(음) 요심(遼瀋 요양과 심양)의 유민 2300여 호가 귀부해 오자 서북군현에 나누어 거주하게 하고 관청에서 생필품과 식량을 공급하였다.

34) 1371년 2월 20일(음) 여진 천호 이두란이 귀부해 오다.

35) 만국이 귀순하여 와서 두 손을 모아 절을 하니(萬方歸順來拱手)
  ─『고려사』, 71권 지25권 악2 당악 수연장(壽延長·정월 보름에 임금의 장수를 기원하는 음악)

36) 해동천자이신 지금의 황제(海東天子, 當今帝) 외국에서 허리를 굽히고 달려와서 모두 귀순하다(外國躬趨盡歸依).
  ─『고려사』 71권 지25권 악2 속악「풍입송」

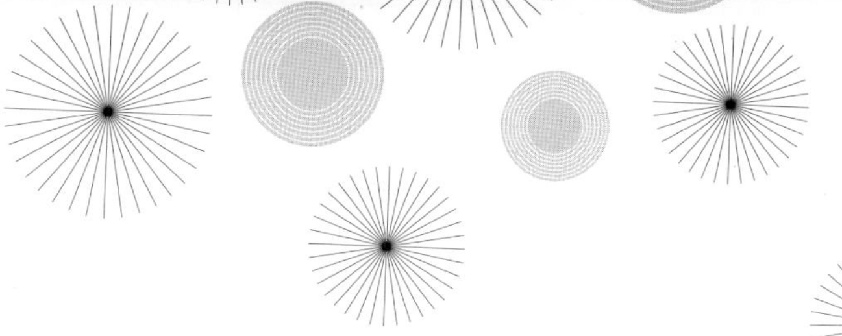

6. 고려시대 만주는 우리 땅

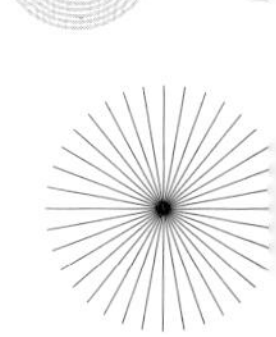

1. 고려의 동북경계는 고구려를 넘어섰다

15 고려 영토의 둘레가 만리(당시 1리 576m 약 5760km)에 달한다.

지리1(地理一)

우리 해동(海東)은 삼면이 바다에 막혀 있고, 한 모퉁이가 육지에 이어져 있는데, 영토가 넓어 그 둘레는 거의 1만 리(里: 약 5760km)나 된다. 고려태조가 고구려 땅에서 일어나 신라를 항복시키고 백제를 멸망시켜 개경에 도읍을 정하니, 삼한(三韓)의 땅이 하나로 통일되었다.(중략)

그 사방 경계는, 서북은 당 이래로 압록을 한계로 삼았고, 동북은 선춘령(先春嶺: 흑룡강성 발해시)을 경계로 삼았다. 서북은 그 이르는

곳이 고구려에 미치지 못했으나, 동북은 그것을 넘어섰다. [16]

　— 고려사 제56권 지(志) 10권 지리 1

2. 고려 초부터 말년까지 공험 이남과 삼척 이북은 동계라 일컬었다

"동계(東界)는 본래 고구려의 옛 땅이다. 성종 14년(995년)에 영토를 나눠 10도(道)로 할 때 화주(和州)·명주(溟州) 등의 군현으로 삭방도(朔方道)라 했다. 정종 2년(1036년)에 동계라 불렀고, 문종 원년(1047년)에 동북면이라 불렀다. 뒤에 함주(咸州) 이북지역은 동여

16　惟我海東, 三面阻海, 一隅連陸, 輻員之廣, 幾於萬里. 高麗太祖, 興於高句麗之地, 降羅滅濟, 定都開京, 三韓之地, 歸于一統.(중략) 其四履, 西北, 自唐以來, 以鴨綠爲限, 而東北則以先春嶺爲界. 盖西北所至不及高句麗, 而東北過之.

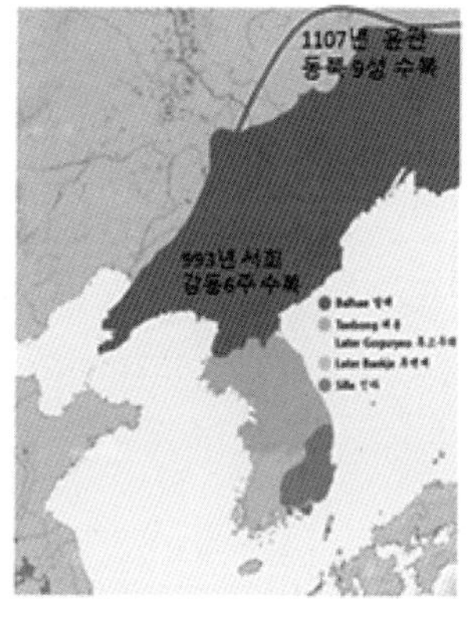

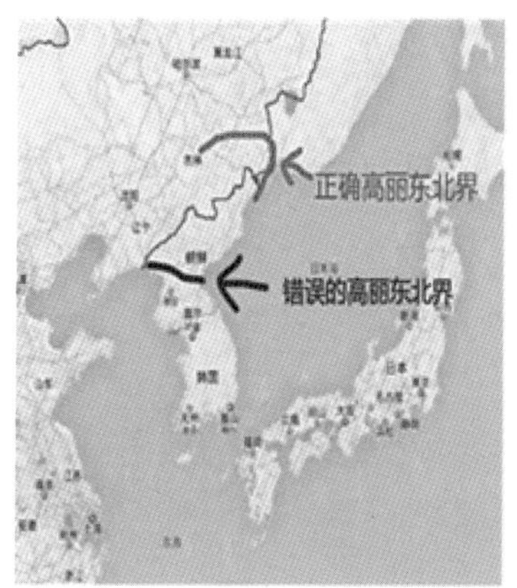

중국 관방학계 다수가 공인 공개하고 있는 고려의 정확한 동북경계지도 출처: 중국최대포털 바이두

[좌] 한국 기존 학계 교과서상의 고려 판도
[우] 중국 포털 바이두는 한중 주요 사료를 근거로 고려의 동북부 경계를 헤이룽장성 남부지역으로 표기한 도편을 게시하고 있다.

진(東女眞)에 편입됐다. 예종 2년(1107년)에 평장사 윤관(尹瓘)이 원수가 돼 지추밀원사 오연총(吳延寵)을 부원수로 삼아 병사를 거느리고 여진을 쳐서 쫓아내고 9성을 뒀으며, 공험진(公嶮鎭)의 선춘령(先春嶺)에 비석을 세워 경계로 삼았다.(중략) 비록 연혁과 명칭은 같지 않지만 고려 초로부터 말년에 이르기까지 공험(公嶮) 이남에서 삼척(三陟) 이북은 통틀어 동계라 일컬었다."

　―『고려사』 제58권 지 12권 지리 3

3. 함주대도독부·북청주부·갑주부는 동만주, 연해주였다

함주대도독부(咸州大都督府)는 오랫동안 여진이 기거하던 곳이다. 예종 2년(1107년)에 원수(元帥) 윤관 등에게 명해 군사를 거느리고 가서 쳐서 내쫓았다. 예종 3년(1108년)에 주를 설치해 대도독부로 삼았고, 진동군(鎭東軍)이라 불렀다. (중략) 함주·영주·웅주·복주·길주·의주의 6주(州) 및 공험진·통태진·평융진의 3진(鎭)이 9성이다.

북청주부(北靑州府)는 오랫동안 여진이 기거하던 곳으로, 9성 때에 명칭은 상세히 알 수 없다. 뒤에 원나라에 편입돼 삼산(三散)이라 불렀다. 공민왕 5년(1356)에 옛 영토를 수복하여 안북천호방어소를 설치했다.

갑주부(甲州府)는 본래 허천부(虛川府)로, 오랫동안 여진(女眞)이 기거하던 곳으로 자주 전란을 겪어 사람이 살지 않았다. 공양왕 3년(1391)에 비로소 갑주라 부르면서 만호부를 설치하였다. 봉천대(奉天臺)에 있다.

　―『고려사』 제58권 지12권 지리3 동계

기존의 고려판도 동계 안변도호부(등주) 이북에는 함주대도독부, 북청주부, 갑주부가 설치돼 있다. 특히 공험진을 비롯한 함주대도독부의 9성은 흑룡강성 중부 이하 길림성 연변조선족 자치주, 러시아의 블라디보스톡등 연해주를 포괄하는 지역에 설치됐다. 이에 대한 고증은 다음편에 하기로 한다

4. 금(金) 황실 조상 대대로 고려를 '부모지국'으로 삼았다

동여진 사신들이 9성을 돌려주길 청하다.

"옛날 우리 태사(太師)인 영가(盈歌)(금태조 아골타의 조부)가 일찍이 이르기를, '우리 조상도 대국〔大邦, 고려〕으로부터 나왔으니 자손대대에 이르기까지 귀부하는 것이 의리에 맞는 일이다.'라고 하였습니다. 지금 태사인 오아속(烏雅束, 금태조의 본명) 역시 대국을 '부모의 나라(父母之國)'로 삼고 있습니다.

(중략) 만약 9성을 되돌려줘서 우리의 생업을 편안하게 해주시면, 우리는 하늘에 맹세하여 자손대대에 이르기까지 공물을 정성껏 바칠 것이며 감히 기와 조각 하나라도 국경에 던지지 않겠습니다."라고 했다. 왕이 잘 타이르고 술과 음식을 하사했다."

－『고려사』 세가 제13권 1109년 예종 4년 6월 27일(음)

5. 금(金) 태조가 고려를 '부모의 나라'로 섬겼다

"금(金)의 임금 아골타(阿骨打)가 아지(阿只) 등 5인을 통해 서한을 보내 이르기를, 우리는 할아버지 때부터 한쪽 지방에 껴 있으면서 거란을 대국(大國)이라고 하고 고려를 '부모의 나라(父母之邦)'라고 하면서 조심스럽게 섬겨왔습니다."

－『고려사』 세가 제14권 예종 12년 1117년 3월 25일(음)

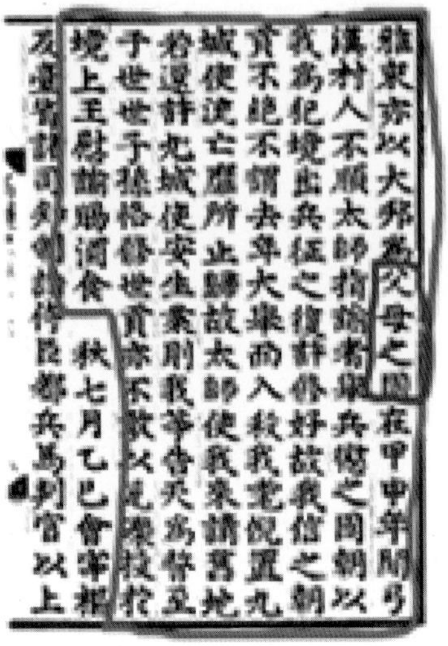

금 태조가 고려를 '부모의 나라'로 섬겼다

6. 고려 초 요동도 고려 땅

『요사』 '권 10 본기 10 성종 1'에는 성종이 고려 토벌을 명했다는 기록이 있다.

1. 983년 11월 22일 성종, 고려를 정벌하라

2. 985년 7월 22일 성종, 고려를 침략하기 위해 정예군을 소집명
(诏诸道缮甲兵, 以备东征高丽)

3. 985년 8월 19일(음) 요하의 늪에 물이 차 질척거려 고려정벌을 취소했다(以辽泽沮洳, 罢征高丽).

『성경통지』에는 요하는 일명 거류하 또는 구류하라고도 부른다. 발음과 글자로 보아서 결국 요하는 원래 고려하라는 것을 쉽게 알 수 있다.

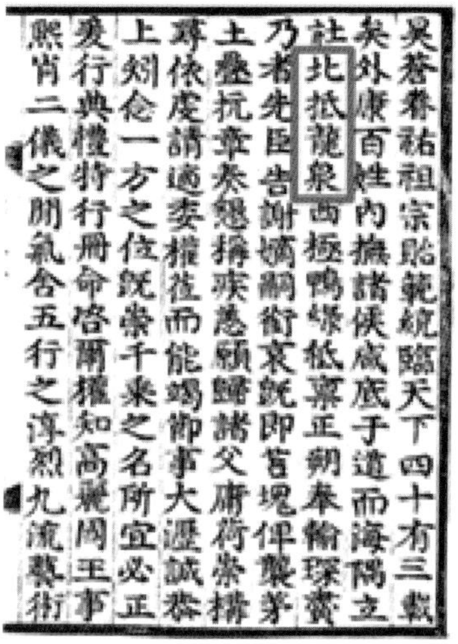
昊蒼眷祐祖宗貽範統臨天下四十有三載
矣外康百姓內撫諸侯咸底于道而海隅立
社北抵龍泉西極鴨綠祇稟正朔奉輸琛賮
乃者先臣告謝嫡嗣銜哀既即舊境俾襲茅
土疊抗章奏懇稱疾恙願歸諸父庸荷崇構
尋依彥請適委權莅而能竭御事大歷誠恭
上剡命一方之位既崇千乘之名所宜必正
爰行典禮特行冊命咨爾權知高麗國王事
熙肖二儀之朋氣含五行之淳粹九流藝術

고려의 북쪽 경계는 발해의 수도 상경 용천
『고려사』 1198년(예종2년)1월 18일.

7. 고려의 북쪽 경계는 발해의 수도 상경 용천부

"고려는 바다 모퉁이에 사직을 세워 북쪽으로는 용천(龍泉)에 이르고 서쪽으로는 압록에 닿았으며…"

— 『고려사』 1198년(예종 2년) 1월 18일.

고려의 북쪽 경계 용천(龍泉)은 단 한 군데, 발해의 수도 상경 용천부로 지금의 헤이룽장(黑龍江)성 닝안(宁安)시 보하이(渤海)진 송화강 유역뿐이다. 두만강 이남 함경도 지역에는 용천이라는 지명은 없다.

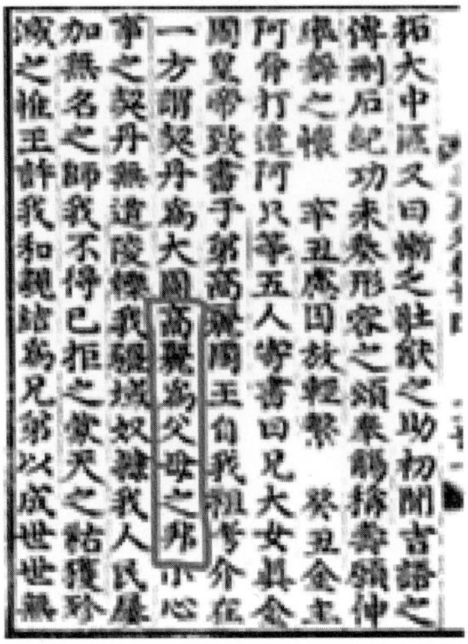
拓大中區又曰惟之壯猷之助初聞吉語之
傳刻后紀功來奏形容之頌奉觴稱壽彌伸
舉錄之懷 辛丑高麗國放輕繫 癸丑金主
阿骨打遣阿只等五人寄書曰兄大女眞金
國皇帝致書于弟高麗國王自我祖考介在
一方謂契丹爲大國高麗爲父母之邦小心
事之契丹無道陵轢我疆埸奴隷我人民屢
加無名之師我不得已拒之蒙天之祐獲殄
滅之惟王許我和親結爲兄弟以成世世無

금 태조 황실 3대가 고려를 부모의 나라(父母之邦)로 삼았다

8. 고려의 국경은 남북 1500리와 동서 2000리

랴오양에서 부산까지 거리와 랴오양에서 하바로프스크의 동서 거리와 일치한다(당·송대 1里= 360보= 360 × 5척 =360 × 5 × 29.591cm = 532.6m).

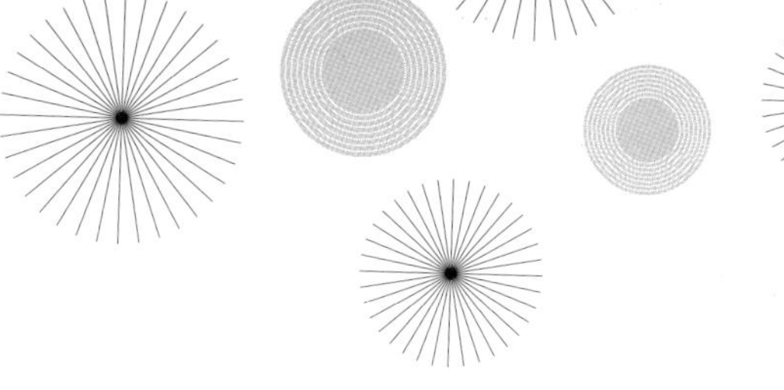

7.
동만주는 고려의 직간접 통치 지역

19세기 후반까지 만주가 정말 한국 영토였다면 그 많은 변학도 같은 사또들은 어디로 갔을까?

『고려사』, 『고려사절요』, 『조선왕조실록』, 『동국대지도』, 『금사(金史)』, 『사고전서(四庫全書)』, 『황여전람도(皇輿全覽圖)』 등 수많은 한·중 양국 대표사서와 문헌과 고지도, 400여점의 서양 고지도가 증언하다시피 만주가 고려에서 조선 후기까지 우리 땅이라면 우리 조정에서 파견한 수 많은 지방관리들이 하는데 어찌 하나도 없을까? 영원히 풀리지 않는 미스테리 같다!

그러나 이는 『고려사』와 『금사(金史)』 한·중 정사 두 권과 『세종실록』 「지리지」를 한 번만 읽어보아도 미스테리는커녕 수수께끼도 아

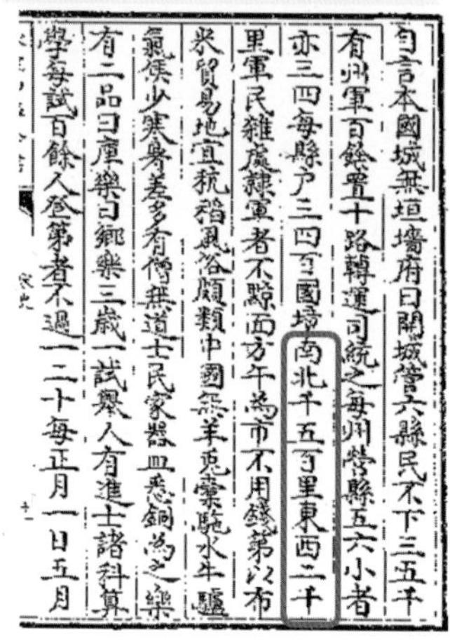

『송사』「외국열전」.

니다. 필자는 위 세 책에서만 지린성 전역과 헤이룽장성 중부 이남, 연해주 등 동만주 지역은 원나라 지배기(1270~1356년)를 제외하고 고려의 직·간접통치지역이라는 증거를 무수히 확보했다. 지면 관계상 스모킹건 6건만 소개하겠다.

1. 고려의 동북 경계는 두만강 북쪽 700리

1) 윤관이 6성을 쌓아 공험진에 비를 세워 경계로 삼았다

윤관(尹瓘)이 여진을 평정하고 새로 6성을 쌓았으므로 표문을 받들어 하례하였다. 공험진(公嶮鎭)에 비를 세워 경계로 삼았다.

　－『고려사』 세가 제12권 1108년 2월 27일(음)

2) 공험진에 비(碑)를 세워 계(界)의 끝으로 삼았다

— 『고려사절요』 제7권 1108년(예종 3년) 2월(음)

3) 윤관이 북계 9성을 완성하고 사민시키다

윤관이 의주성, 통태성, 평융성의 3성을 쌓아 함주, 영주, 웅주, 길주, 복주, 공험진과 함께 북계 9성으로 삼았다. 모두 남계의 백성들을 옮겨 채웠다. — 『고려사』 제12권 열전 제9장

4) 공험 이남과 삼척 이북을 동계라 일컬었다

비록 연혁과 명칭은 같지 않지만 고려 초로부터 말년에 이르기까지 공험(公嶮) 이남에서 삼척(三陟) 이북은 통틀어 동계라 일컬었다. — 『고려사』 제58권 「지리지」 3 동계

5) 경원도호부 관할 지역은 두만강 유역에서 북쪽으로 700리 공험진까지

두만강 경원 복호봉 북쪽으로 공험진에 이르기 700리, 동북쪽으로 선춘현(先春峴)에 이르기 700여 리를 관할이다. — 『세종실록』 「지리지」 함길도 길주목 경원도호부

『고려사』 「지리지」 및 『세종실록』 「지리지」에 따르면, 윤관의 9성은 원의 지배시대(1270~1356년)을 제외한 고려말 조선 초까지 두만강 북쪽 700리 지역까지 그 범위를 잡았다. 세종 때 김종서를 시켜 국토를 개척할 때에 목표가 이 지역까지였다.

그러나 일제강점기 이케우치 히로시(池內宏), 스다 소키치(津田左
右吉), 이나베 이와키치(稻葉巖吉) 등 일본인 학자들은 윤관의 9성을
함흥평야로 한정하여 설정하였다. 이 학설은 고려의 국력을 과소평
가하려는 식민사관에서 출발하였음이 분명하다.

2. 대도독부 등을 설치, 간접통치

"고삐를 느슨하게 잡되 끈은 끊지 않는다"는 뜻의 기미정책(羈縻
政策)은 중국의 역대 왕조가 다른 민족에게 취한 간접 통치책이다.
이민족에게 무력을 쓰지 않고, 그 지역의 우두머리에게 중국의 관
직과 물품을 주는 대신 중국의 종주권을 인정하게 하는 게 핵심이
다. 내정에는 관여하지 않고, 명목상으로 지배하는 것이다.

현재 중국의 소수 민족정책 역시 이러한 기미정책에 바탕을 두고
있다. 전형적인 형태는 당 나라로 명목상으로는 군현제를 채택하
여 부주현(府州縣)을 두고, 외족의 추장을 도독·자사·현령·대장군
장군 등에 임명하여 자치에 맡기고, 보호령으로서 도호부와 도독부
등을 두어 감독하게 했다.

고려와 조선은 각각 함주대도독부 등과 경원대호부를 두어 동만
주를 간접 통치하였다.

80

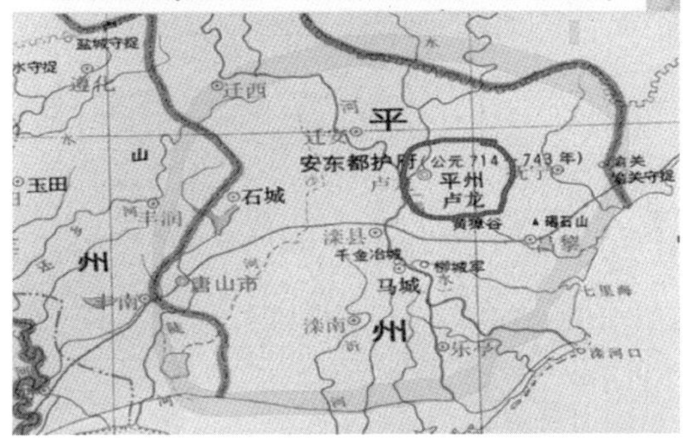

1) 고려의 함주대도독부 등

동계의 안변도호부 이북에는 함주대도독부(咸州大都督府)와 북청주부(北靑州府) 갑주부(甲州府)를 설치했다.

함주대도독부는 오랫동안 여진이 기거하던 곳이다. 예종 3년(1108년)에 주를 설치해 대도독부로 삼았다. 큰 성을 쌓아 남계의 정호 1948호를 이주시켜 그곳을 채웠다. 공민왕 5년(1356년)에 옛날 영토를 수복하여 지함주사(知咸州事)라 했다.

북청주부는 오랫동안 여진이 기거하던 곳으로, 9성(城) 때에 명칭은 상세히 알 수 없다. 뒤에 원나라에 편입되어 삼산(三散)이라 불렀다. 공민왕 5년(1356년)에 옛 영토를 수복하여 안북천호방어소를 설치하였고, 공민왕 21년(1372년)에 지금 이름으로 고쳐 만호부로 했다.

갑주부는 본래 허천부로, 오랫동안 여진이 기거하던 곳으로 자주 전란을 겪어 사람이 살지 않았다. 공양왕 3년(1391)에 비로소 갑주(甲州)라 부르면서 만호부를 설치했다.

　－『고려사』제58권「지리지」3 동계

함주대도독부와 북청주부 갑주부는 현재 지린성 전역, 헤이룽장성 중동부 이남, 연해주 지역으로 비장된다.

2) 조선의 경원도호부

옛 공주(孔州)로서 혹은 광주(匡州)라고도 칭하는데, 오랫동안 호인(胡人)에게 점거됐다. 고려의 대장 윤관이 호인을 몰아내고 공험진방어사(公險鎭防禦使)를 두었다. 본조 태조 7년 무인에 덕릉과 안릉이 있다고 하여 경원 도호부로 승격시키고, 성을 수축하기 위하여 땅을 파다가 인신(印信) 1개를 얻었는데, 그 새긴 글에 '광주 방어지인(匡州防禦之印)'이라고 돼 있었다. 태종(17년에 경성(鏡城)의 두롱이현(豆籠耳峴) 이북의 땅을 떼어서 다시 도호부로 삼고, 부가참(富家站)에다 목책을 세우고 치소(治所)로 삼았다. －『세종실록』「지리지」함길도 길주목 경원도호부

3. 입조 귀순한 추장들에게 장군 품계 등을 하사, 간접통치

여진의 대소 추장들은 고려를 '부모의 나라'라 하여 앞을 다투어 고려에 내조했다.

고려에서는 여진에게 비록 허직이기는 하지만 그 추장에게 관직을 주고 그 지역을 고려에 복속시켰는데 이곳을 '화내(化內)'라고 불렀다. 동여진족이 가장 많이 귀부해 온 고려 문종연간(1046~1083년)에는 이러한 기미 지역에 11주를 설치해 주기(朱記, 임명장)를 하사했다. 태조부터 공양왕까지 총 400회 동여진족의 내조와 귀순을 허가하고 품계를 하사했다[17].

고려시대에 여진에게 향직의 관직을 주어 귀화를 시키고, 또 내조하는 추장들에게 고려의 대장군과 장군 품계를 내렸다.

동여진 장군들이 80명을 이끌고 내조하자 왕이 가상히 여겨 특별히 금과 비단을 하사하고 등급을 올려주었다. ―『고려사』 정종(靖宗) 9년 1043년 9월 16일(음) 경진(庚辰)

동여진의 수원장군(綏遠將軍) 다로대(多老大) 등이 내조(來朝)하였다.

―『고려사』 세가 제8권 1063년(문종 17년) 11월 27일(음)

---

17 『동북여진 고려 귀순 · 내조 횟수』 총 400회

태조(918~943년) 1회, 정종(945~949년)1회, 목종(997~1008년)1회, 현종(1009~1031년) 67회, 덕종(1031~1034년) 31회, 정종(1034~1046년) 71회, 문종(1046~1083년) 116회, 선종(1084~1094년) 15회, 헌종(1094~1095년) 2회, 숙종(1095~1105년) 31회, 예종(1105~1122년) 24회, 인종(1122~1146년) 6회, 의종(1146~1170년) 2회, 명종(1170~1197년) 3회, 고종(1213~1259년) 16회, 원종(1259~1274년) 1회, 공민왕(1351~1374년) 9회, 공양왕(1389~1392년) 3회, 합계 400회

동여진의 도령들이 귀부하며 고려 군현으로의 편입을 청하다.
 —『고려사』 세가 제9권 1073년(문종 27년)

귀부해 온 동여진인들을 귀순주에 소속시키다. 한림원에서 아뢰기를, "동여진의 대란(大蘭) 등 11개 내부자(內附者)들이 11개 주(州)가 되기를 요청하니, 각각 주기(朱記)를 하사하고 귀순주(歸順州)에 소속시키십시오."라고 하자 이를 받아들였다.
 —『고려사』 세가 제9권 1073년(문종 27년) 9월 4일(음)

문종 때는 동만주에 살고 있었던 동여진이 대규모로 귀순하여 오자 11주를 설치하고 그 추장들에게 임명장 주기(朱記)를 주어 귀순주(歸順州)에 예속하도록 했다. 이러한 11주는 윤관이 설치한 9성의 지역과 일치된다.[18]

4. 11세기 고려는 동만주를 직접 통치했다

특히 문종 연간(1046~1083년)의 고려는 동여진족 근거지 지역 경계를 조사·획정하고, 여진족 추장을 참형에 처하는 등 고려의 행정권 사법권을 직접 행사, 동만주를 직접 통치한 사실이 발견된다.

동여진의 두 촌락과의 경계선을 획정하게 하다. 유사(有司)에 명

---

[18] 고려에서 여진에게 준 장군품계는 平遠大將軍 · 寧遠大將軍 · 寧塞大將軍 · 奉國大將軍 · 柔遠大將軍 · 懷化大將軍 · 歸德大將軍, 綏遠將軍 · 寧遠將軍 · 寧塞將軍 · 懷遠將軍 · 奉國將軍 · 柔遠將軍 · 懷化將軍 · 歸德將軍 등이다.

령하기를, "동여진 대걸라니촌과 소걸라니촌의 경계를 조사, 확정
하여 적의 침입에 대비하라."라고 하였다.

  ─ 『고려사』 제7권 1050년(문종 4년) 4월 27일(음)

  동여진 유원장군(柔遠將軍) 사복하 등 2인을 참형에 처했는데, 일
찍이 삭주(朔州)의 사람과 물건을 약탈하였기 때문이다.

  ─ 『고려사』 제7권 1056년(문종 10년) 12월 9일(음)

  내조한 여진인의 체류기한을 보름으로 하다. 동여진 추장 진순(陳
順) 등 23인이 와서 말을 바치자, 제서(制書)를 내려 이르기를, "무
릇 번인으로 내조한 자는 개경에 체류하는 것이 15일을 넘지 않도
록 하고, 아울러 사관(私館)에서 떠나도록 하는데 이것을 영구한 법
규로 삼으라."라고 하였다.

  ─ 『고려사』 제7권 1050년(문종 35년) 5월 3일(음)

5. 여진은 옛날부터 고려에 속했다

  흑수말갈은 숙신땅에 거하였는데 산이 있는데 백산이라고 한다.
대개 장백산이라고 한다. 금나라가 발원한 곳으로 여진이 옛날부터
고려에 속해 있었다(黑水靺鞨居古肅慎地, 有山曰白山, 蓋長白山, 金國之
所起焉, 女直雖舊屬高麗).

  당나라 초기에 말갈은 속말과 흑수양부로 나뉘어져 있었는데 고
려에 신하로 속해 있었다(唐初, 靺鞨有粟末, 黑水兩部, 皆臣屬於高麗).

  ─ 『금사』 제135권 열전 제73 외국하 고려전

6. 용천과 갈라전은 지금의 송화강~목단강~연해주

1) 요 나라 황제가 말하길 고려의 북쪽 경계는 용천에, 서쪽 끝 경계는 압록에 달했다(北抵龍泉, 西極鴨綠).
　—『고려사』 1198년(예종 2년) 1월 18일

당시 용천은 단 한 군데뿐, 송화강 중류 발해 수도 상경 용천부 부근이다.

2) 고려는 사람을 보내어 그들을 살해하고 갈라전(曷懶甸)으로 출병시켜 9성을 쌓았다
　—『금사』 135권 열전 73, 외국하 고려전

갈라전은 윤관이 9성을 설치할 때 금의 아골타와 쟁탈전을 벌였던 지역이다.

갈라전은 만주의 동부지역 일대의 송화강(松花江; 혼동강, 混同江) 유역과 목단강(牧丹江) 이동의 넓은 연해주까지 이르는 광활한 지역을 가리킨다. 원의 통제가 미치지 못하였다.

8.
금(金)의 고려에 대한 무한 존경 보은 20선
- 근거: 『금사(金史)』

1. 금의 시조, 함보가 고려에서 오다

(金之始祖讳函普, 初从高丽来)

금(金) 시조의 휘는 함보(函普)이며 처음에 고려(高麗)에서 왔는데, 나이가 이미 60여 살이었다. 형인 아고내(阿古迺)가 불교를 좋아해서 고려에 머물면서 따라오려 하지 않았는데, 말하기를, "훗날에 자손들은 반드시 서로 모여 사는 아이들이 있을 것이지만 나는 갈 수 없다."라고 하였으며, 홀로 동생인 보활리(保活里)와 함께 갔다. 시조는 완안부(完顔部)의 복간수(僕幹水; 현재 목단강 상류 경박호 부근) 물가에 살았으며 보활리는 야라(耶懶, 현재 흑룡강성 오상시 黑龙江省五常市)에 살았다.

그 뒤에 호십문(胡十門; 금 시조의 형 아고내의 후손)이 갈소관(曷蘇

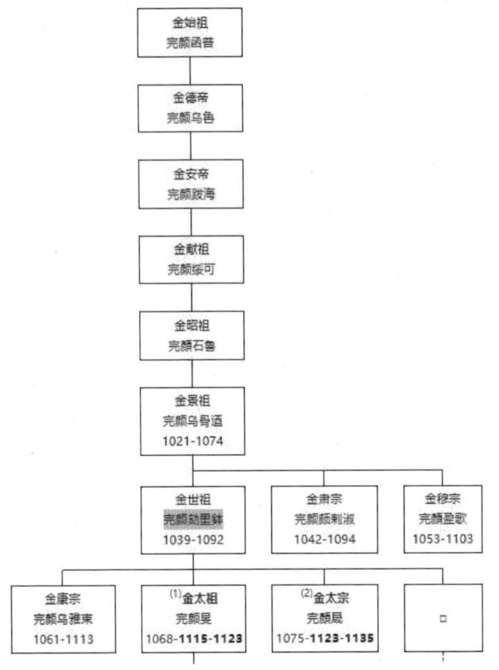

館; 현재 요녕반도 중북부)을 거느리고 태조(太祖)에게 귀부하였는데, 자기의 할아버지 형제 세 명이 서로 헤어져서 갔다고 말하였는데, 이는 자기가 아고내의 후손이라고 말한 것이다.

석토문(石土門)과 적고내(迪古乃)는 보활리(금시조의 동생)의 후예이다. ―『금사』권1 본기 1세기(世紀)

2. 금 태조 아골타, 여진과 발해는 본래 같은 한 집안이다

(女直, 渤海本同一家)

금 태조 아골타가 요(遼)의 군대를 국경에서 패배시켰을 때 야율사십(耶律謝十)을 획득하였으며, 마침내 양복(梁福)·알답자(斡答剌)

四庫全書 金史

欽定四庫全書
粟末黑水兩部皆臣屬于高麗唐滅高麗粟末保東牟
山漸強大號渤海姓大氏有文物禮樂至唐末稍衰自
後不復有聞金伐遼渤海來歸益其遺裔也黑水靺鞨
居古肅慎地有山曰白山釜長白山金國之所起焉女
直雖舊屬高麗不復相通者久矣及金滅遼高麗以事
遼舊禮稱臣于金初有醫者善治疾本高麗人不知其
始自何而求亦不著其姓名居女直之完顏部穆宗時
戚屬有疾此醫者診視之穆宗謂醫者曰汝能使此人

를 시켜 발해인(渤海人)을 불러서 타이르길, "여진과 발해는 본래
같아서 한 집안이다."라고 하였으니, 대개 그들의 시초는 모두 물길
의 7부(部)이다. —『금사』 권1 본기 1세기(世紀)

3. 금 시조 완안(김)함보, 분쟁을 해결하는 관습법 만들고 여진족 여인과 결혼

금 시조가 완안부에 도착하여 산지 오래 되었을 때 그 부(部)의 사
람이 이전에 다른 부족 사람을 죽인 적이 있었는데, 이 때문에 두 부
족이 서로 미워해서 서로 싸우는 것을 해결하지 못하고 있었다. 완안
부 사람들이 금시조에게 말하기를, "만약 부족의 사람들이 이 원망을

풀고 두 부족이 서로 죽이지 않을 수 있도록 해준다면, 우리 부족의 어진 여자가 나이 60이 되도록 시집가지 않았으니 마땅히 서로 배필이 된다면 그대도 바로 우리와 같은 부족이 될 겁니다."라고 하였다.

금시조가 말하기를, "좋습니다."라고 하고는 곧 스스로 상대편 부족에게 가서 깨우쳐 말하기를, "한 사람을 죽였다고 두 부족이 싸움을 그치지 않으니 재물과 사람의 손상이 나날이 많아집니다. 만약 처음 난을 일으킨 자 한 명만 죽이는데 그치고 그 부족에서 당신에게 물질로 보상하는 것을 받아들이면, 가히 싸우지도 않고 또 이익도 얻을 것입니다."라고 하였다. 원망하던 집안에서 이 제안을 받아들였다. 그래서 약조하기를, "무릇 사람을 살상한 자는 그 집에서 사람 1명, 말 10쌍, 암소 10마리, 황금 6냥을 징발하여 살상된 사람 집에 주고, 그러면 두 집은 화해하고 사사로이 싸울 수 없다."라고 하자, "삼가 약조대로 하겠습니다."라고 하였다.

여진의 풍속에서 살인에 말·소 30마리로 보상하는 것이 이때에 시작되었다. 이윽고 약조한 대로 보상이 준비되자 부족 사람들이 믿고 복종하였으며, 푸른 소 1마리로 사례하고 아울러 60살 된 여성을 돌려보내었다. 금시조가 이윽고 푸른 소를 폐백 예물로 삼아서 여성을 받아들이고 아울러 그 소의 생산물도 얻었다. 뒤에 아들 두 명을 낳았는데, 장남은 오로(烏魯), 차남은 알로(斡魯)라 불렀으며, 딸 한 명은 주사판(注思板)이라고 불렀고, 드디어 완안부 사람이 되었다.

천회 14년(1136)에 추시하여 경원황제(景元皇帝), 묘호(廟號)를 시조(始祖)라고 하였다. 황통(4년(1144)에 그 장례 지낸 곳을 광릉(光陵)이라 하였다. 황통 5년(1145)에 시조의헌경원황제(始祖懿憲景元皇帝)로 시호를 추증하였다.

　　―『금사』 권1 본기 1세기(世紀)

4. 금의 모든 황족 종실(방계종실 포함) 모두 고려 출신

호십문이 금시조의 형 아고내가 고려에서 왔다고 하다.

호십문(胡十門)은 갈소관(曷蘇館; 지금의 랴오닝반도 중부지방) 사람이다. 아버지는 달불야(撻不野)이며 요(遼)를 섬겨서 태위가 되었다.

호십문은 한어(漢語)를 잘하였으며 거란대자(契丹大字), 거란소자(契丹小字)에 통달하였고, 용맹스러우며 전투를 잘하였다. 고영창(高永昌; 요나라 반군 수령)이 동경(東京; 지금의 요양, 옛 평양)을 점거하고 갈소관 사람들을 불러 모으자 무리들은 고영창의 군대가 강한 것을 두려워하여 귀부하려고 하였다.

호십문은 이에 따르지 않으려고 그 가문 사람(고려족)들을 불러서 꾀하기를, "우리의 먼 할아버지 형제 세 분은 함께 고려에서 나오셨다. 지금 대성황제의 할아버지께서 여진에 들어오실 때 우리 할아버지는 고려에 머무르고 계셨는데, 고려에서 요(遼)로 귀부하였다.

그러므로 나와 황제는 모두 세 분 고려 할아버지의 후손이다. 황제께서 천명(天命)을 받아서 대위(大位)에 즉위하셨으며 요가 패망할 조짐이 있는데, 내가 어찌 고영창의 신하가 되겠는가!"라고 하였다.

금시조(始祖)의 형 아고내(阿古迺)가 고려에 머무르고 있었던 것을 호십문이 스스로 이렇게 말하였으니, 대개 스스로 아고내의 후예라고 한 것이다. … 뒤에 보주(保州; 지금의 신의주 건너편 단동시)를 공격할 때 요의 장수가 수군을 이끌고 도망가자 호십문이 요격하여 패배시키고 그 사졸들을 항복시켰다. 매우 후하게 상을 주고 그를 갈소관 7부(七部)의 근원으로 삼았으며, 은패 1개와 목패 3개를 주었다.

─『금사』 66 열전4 종실 호십문(胡十門)

5. 금 목종, 고려와 우호관계를 맺다

1103년(목종 영가 10년) 2월에 고려에서 처음으로 사신이 와서 우
호관계를 통하였다.
　―『금사』권1 본기1

6. 금 태조 아골타, 여진과 발해는 한 집안(女直, 渤海 本同一家)임을 반복해 밝히다

1114년(금태조 2년) 10월 초하루에 그 성을 공격하여 이기고 방어
사 대약사노를 잡았다가 몰래 풀어주면서 요나라 사람들을 타이르
게 하였다. 철려부(鐵驪部)가 조약문을 보내왔으며, 다음에는 유성
(流城)이 왔으므로 포로와 전리품을 장사들에게 하사하였다.

발해양복(渤海梁福 : 발해의 후예, 길림성 전역 회복하는 큰 전공을 세움)과
알답랄(斡荅剌)을 불러서 거짓으로 도망쳐 가도록 하였는데, 그들이
그 고향 사람들을 타일러 말하길, "여진과 발해는 본래 같은 한 집
안이다. 내가 군대를 일으켜서 죄 있는 자들을 공격하지만 무고한
사람에게 벌이 미칠 정도로 함부로 하지는 않을 것이다.「女直, 渤
海 本同一家, 我兴师伐罪, 不滥及无辜也.」라고 하였다.
　―『금사』권2 본기2 태조(太祖) 2년(1114)

7. 금태조 아골타, 1115년 보주(신의주 건너편 압록강 북부)를 하라(고려―금 연합작전) 명령하다

태조가 살갈에게 보주를 공격하라고 명령하다.

고려태조 왕건, 금태조 김아골타의 본향
평주平州(신라영토 강주康州, 현재 차오양朝陽)

수국(收國) 원년(1115) 9월에 태조(太祖)가 이미 황룡부(黃龍府)를 함락시켰으므로 가고살갈(加古撒喝)에게 명하여 보주(保州)를 공격하게 하였다. 보주는 고려에 가까이 있는데 요(遼)가 고려를 침략하여 보주를 설치하였었다. 이때에 이르러 살갈에게 명하여 취하도록 하였는데, 오랫동안 함락시키지 못하였다. 살갈이 증원병을 요청하고 또 고려왕이 장차 사신을 보내올 것이라고 하였다. 태조가 납합오준(納合烏蠢)에게 기병 100명으로 돕게 하고 살갈에게 조서를 내리기를, "너는 적은 군사를 거느리고도 누차 묵직한 적들을 격파하고 포로로 획득한 바가 많았도다. 호사(胡沙)에서 자주 싸워서 공을 세웠다는 소식이 들리니 짐이 매우 가상하게 여기노라. 만약 보주를 함락시키지 못하였으면 다만 변방을 지키도록만 하라. 내가 이미 황룡부를 이겼는데, 들어보니 요의 임금[遼主]이 또 이 곳에 이를 것이라고 한다. 대적(大敵)을 격파할 때를 기다려서 너에게 군사를 다시 보태주겠노라. 네가 말한바 고려가 사신을 보내어올 것이라는 일은 과연 그럴지 아닐지 알 수 없으나 만약 오거든 호송해서 오도록 하라. 변경의 일은 삼가고 소홀하게 하지 말지어다."라고 하였다. ―『금사』 권 135 열전 73 외국(外國) 下

8. 금 태조 아골타, 보주를 고려에 할양하다

고려가 사신을 파견하여 보주(保州;지금 랴오닝 단둥)를 달라고 요구하자 금 태조는 조서로서 스스로 취하라고 허락했다(실제 할양했음). ―『금사』 1116년 1월 2권

9. 금 태조 아골타, 고려 국왕에게 말 한 필을 보내다

천보(天輔) 2년(1118) 12월에 고려 국왕에게 조서를 하기를 '짐이 처음 군대를 일으켜서 요(遼)를 정벌할 때 이미 포고한 바와 같이 황천(皇天; 고려 조상)의 도움에 의지하여 누차 적병을 패전시켜 북으로는 상경(上京)에서부터 남으로는 바다에 이르기까지 그 사이의 경(京)·부(府)·주(州)·현(縣)의 부족 인민들을 모두 위무하여 평정하였소. 지금 패근(孛菫) 출패(朮孛)를 보내어 알리고 효유하며, 아울러 말 한 필을 하사하니 도착하거든 받으시오.'라고 하였다.

10. 금 태조 아골타, 요의 영토 수복 소식을 고려에 알리다

금태조, 천보(天輔) 2년(1118) 12월 갑진일에 패근(孛菫) 출패(朮

孝)를 고려에 특사로 보내어 요의 영토〔遼地〕를 획정한 것을 알렸다.
 — 『금사』 2권 본기2 태조 천보 2年 12월

11. 금 태조 아골타, 고려가 장성을 증축하였으나 충돌하지 말라고 하다

천보(天輔) 3년(1119)에 고려가 장성(長城)을 3척(尺) 증축하자 변경의 관리가 군대를 내어 중지시키려고 하였으나 고려는 따르지 않고는 알려오기를, "옛 성을 보수한다."라고 하였다.

갈라전(曷懶甸 현재의 송화강- 목단강 지역)의 패근(孛堇) 호랄고(胡剌古)와 습현(習顯)이 그 일을 아뢰자 금태조는 조서를 내리기를, "일에 앞서 침입하여 일을 만들지 말라. 다만 군영과 성채를 든든히 하고 널리 척후병을 배치하라."라고 지시하였다.

12. 금 역대 황제

고려의 북진(고구려보다 더 깊이 들어간 발해 고토 회복 정벌)에 수비만 명령, 금태조 고려가 갈라전 장성을 증축하므로 진영을 굳게 하라고 지시하다.

금태조, 천보(天輔) 3년(1119) 11월에 고려가 갈라전장성(曷懶甸長城: 지금의 길림성 북부와 흑룡강 남부)을 3척 증축하였다. 호랄고(胡剌古)·습현(習顯)에게 조서를 내려 진영의 성채를 굳게 하라고 하였다. — 『금사』 2권 태조 천보 3년 11월

13. 고려와 금의 철천지 원수국, 거란족 요

금이 요를 멸망시키게 되자 고려는 금에 칭신(稱臣)하였다.

　ㅡ『금사』 권135 열전 73 외국 하

（고려는 발해를 망하게 하고 끝까지 괴롭히던 거란의 요를 멸망시킨 금이 너무

나 대견스러웠는가? 자국의 자녀를 자처한 금의 부하를 자처했음）

금 태종의 너무나 노골적인 고려 사랑이 엿보인다.

　ㅡ 금 태종 완안오걸매(完顔吳乞買) 1123∼1135년 재위

14. 금 태종 완안오골매 김오골매

“고려에 금나라 장군이 물개와 해동청(흑룡강 특산)을 잡으러 갔다
가 습격당했다고 금 태종에게 보고하자 금 태종 앞으로 명령을 받
든 것이 아니면 고려에 가지 말라고 하였다.”

　ㅡ『금사』 권3 본기3 태종(太宗) 1124년 5월 29일(음)

천회(天會) 2년(1124) 5월 을사일에 갈라로(曷懶路) 군수(軍帥) 완
안홀랄고(完顔忽剌古) 등이 말하기를, “이전에는 해마다 물개〔海狗〕·
해동청(海東靑)·숫새매〔鴉鶻〕를 고려 땅에서 잡았습니다. 얼마 전
에 배 두 척으로 잡으러 갔는데 그들이 전함 14척으로 요격하여 두
척에 타고 있던 사람을 전부 죽이고 병장기를 탈취하였습니다.”라
고 하였다.

　황제가 말하기를, “작은 일로 전쟁을 일으키는 것은 심하게 마땅
한 것이 아니다. 이후로는 명을 받든 것이 아니면 쉽게 가지 말라.”
라고 하였다.

　ㅡ『금사』 권3 본기3 태종(太宗) 1124년 7월 17일(음)

15. 금 태종 오골매, 고려가 쳐들어오더라도 하는 일에만 열심히 하라

고려가 반란민을 받아들이고 국경 방어를 증강시켰다고 보고하다.

천회(天會) 2년(1124) 7월 임진일에 골실답(鶻實荅)이 말하기를, "고려가 우리의 반란 도망민을 받아들여서 그들의 변방 방비를 증강시키고 있으니 반드시 다른 계획이 있을 것입니다."라고 하였다. 조서를 내려 말하기를, "우리의 반란 도망민을 받아들이고 돌려보내지 않는 것은 그 곡절이 그들에게 있을 것이다. 무릇 통문(通問)할 일이 있으면 상식을 벗어나지 말라. 혹시라도 그들이 침략해 오더라도 너희들은 행렬을 정렬하여 일에만 종사하라. 감히 먼저 그쪽을 범하면 비록 이겼더라도 반드시 벌 줄 것이니라."라고 하였다.

16. 금 태종 오골매, 고려를 먼저 공격하지 말라고 조서를 내리다

천회(天會) 2년(1124)에 동지남로도통(同知南路都統) 골실답(鶻實荅)이 아뢰기를, "고려가 반란을 일으키고 도망간 자들을 받아들이고 변방의 방비를 증강하니 필연코 다른 계획이 있습니다."라고 하였다. 조서를 내리기를, "무릇 통문(通問)이 있으면 상식(常式)을 어기지 말 것이며, 혹시라도 침략해오면 너의 군대[行列]를 정렬하여 그들과 싸울 것이니라. 감히 먼저 고려를 범하는 자는 비록 이기더라도 반드시 벌을 내릴 것이니라."라고 하였다. 도모(闍母)에게 조서를 내려 갑사(甲士) 1000명으로 섬에 주둔시켜 방비하도록 하였다.

— 1124년 『금사』 권135 열전73 외국(外國)下

17. 금 태종 오골매, 고려 보주로 도망간 호구를 색출하지 말라

천회(天會) 8년(1130) 이 해에 고려인 10명이 물고기를 잡다가 대풍을 만나 그 배가 표류하여 해안에 닿은 것을 갈소관(曷蘇館: 요녕 반도 중부) 사람이 붙잡았는데, 그 나라로 돌려보내라고 조서를 내렸다. 얼마 있다가 완안욱(完顔勗)이 표문(表文)을 올려서 보주(保州: 현재 요녕성 단둥시)로 도망해 들어간 고려 호구(戶口)를 추색하지 말 것을 청하자 태종(太宗)이 이를 따랐다. 이때부터 보주의 영역[封域]이 비로서 정하여졌다.

― 1130년『금사』권135 열전73 외국(外國)下

18. 고려 의원이 금 목종(금 시조의 형 아고내의 장남)의 친족 치료한 뒤 고려와 사신을 통하다

처음에 어떤 의원이 있었는데 질병을 잘 치료하였으며 본래 고려인이었다. 애초에 어디에서 왔는지 모르며, 그 성명도 역시 밝혀지지 않았는데, 여진의 완안부(完顔部)에 살았다. 목종 때 친족이 질병이 있었는데, 이 의원이 진찰하였다. 목종이 의원에게 말하기를, "너가 능히 이 사람의 병을 낫게 해주면 내가 사람을 보내어서 너의 고국으로 너를 돌려보내주겠다."라고 하였다. 의원이 말하기를, "좋습니다."라고 하였다. 그 사람의 병이 과연 나았으므로 목종이 처음 약속한 대로 돌려보내 주었다.

의원이 돌아가 고려에 도착하여 고려인들에게 말하기를, "여진족으로 흑수부(黑水部)에 사는 부족은 날로 강성해져서 군대는 더욱

정예화되었으며 농사는 해마다 풍년이 든다."라고 하였다. 고려의 왕이 이 말을 듣고 마침내 여진에 사신을 통하였다. 얼마 후에 호석래가 귀부해 왔으며 드디어 을리골령 동쪽의 여러 부족을 거느리고 모두 내부(內附)하게 하였다.

    — 『금사』 135권 73열전 외국하 고려

19. 고려와 금의 관계, 완전 수평 상호면책

1170년 10월 고려의 국경 관리가 금 세종 완안오록이 보내는 고려 국왕 생신축하사신 완안규(금황제의 종친)를 받아들이지 않았다.

대정(大定) 10년(1170) 10월에 사생일사(賜生日使) 대종정승(大宗正丞) 완안규(完顏糺)가 국경에 도착하였는데, 고려의 국경 관리가 전왕(前王, 의종)이 이미 양위하였다고 하면서 사신을 받아들이지 않았다.

20. 금 세종 안완오록, 고려 사신이 상례 어겼으나
죄를 묻지 않다

1177년 12월 대정 17년 12월에 유사가 "고려의 하절(下節) 압마관(押馬官) 순성(順成)이 상례 외의 갑사 3명을 거느리고 국계(國界)를 통과한다."고 아뢰었다. 금 세종은 "사신이 저지른 죄는 중하지만, 다만 본국으로 돌려보내기만 하라."고 하였다.

고려와 금은 서로 자손간에 왕위를 주거니 받거니 하며 스스로 통치하는(子孙相传自为治) 관계였다.
　－『금사』135권 73 외국하 고려 결론 부문

　사관(史官)이 찬(贊: 결론 겸 덧붙임)하여 말하기를, "금(金)나라 사람은 본래 말갈 중에서 고려에 부속된 자들이다. 처음에는 이웃 나라로서 서로 우호관계였으나 얼마 후에는 군신(君臣)이 되었는데, 정우(貞祐) 연간(1213~1216) 이후에는 도로가 불통되어 서로 겨우 한두 번 보았을 뿐이다. 서로서로 자손간에 왕위를 서로 전하듯 스스로 통치하고 있다. 자세하게 논하지는 않고, 고려가 금과 서로 교섭한 일만 논한다."고 하였다.

　赞曰 : 金人本出鞨靺之附于高丽者, 始通好为邻国, 既而为君臣, 贞佑以后道路不通, 仅一再见而已. 入圣朝犹子孙相传自为治, 故不复备论, 论其与金事相涉者焉.

　－『금사』원(元) 토크토아(脱脱) 등 1343~1345년 출간된 중국 24사 기전체 정사중

21. 선종 황제, 1214년 변경(현재 개봉)으로 천도

　이듬해(1214)에 선종(宣宗)이 변경(汴京)으로 천도하였으므로 요동(遼東)의 도로가 통하지 않았다.

　13세기 초, 금나라는 점차 북쪽 몽골의 위협을 받기 시작하였다. 1205년, 몽골의 칭기즈 칸은 서하를 침공하였고 서하 바로 옆에 있던 금나라도 점차 위기감을 느끼기 시작한 것이다. 1211년에는 5만 명에 달하는 몽골 기병들이 금나라로 침략하여 전쟁이 일어났다.

당시 금나라는 15만 명에 달하는 기병들로 이들에게 맞섰으나 패퇴하였다. 결국 위소왕 때 몽골군의 침입으로 금나라의 국력은 약화되었다.

이후 1213년 몽골족들은 금나라의 수도 중도대흥부를 공격하였고, 1214년 여름에 금나라는 몽골과 조약을 맺으며 전쟁 피해를 줄이려고 하였다. 이후 선종은 중도대흥부를 버리고 개봉으로 수도를 천도하여 몽골의 위협을 어떻게든 피해 보고자 하였다.

9.
일본 등 30여 개국 수장에게
조공받은 고려 제국

『고려사』에는 송·왜·금·요·인도·사우디 등 30여개 나라와 민족에서 '방물(方物)'을 고려에 '바쳤다(獻)'는 기록이 323회나 나온다. 그런데 한국학중앙연구원이라는 국책 기관은 방물을 '조선 시대에, 명 나라에 보내던 우리나라의 산물'이라고 해석해 놨다.[19]

그러면서 고려가 송나라에 보낸 방물은 '조공(朝貢)'으로, 일본이 고려에 바친 방물은 '토산물(土産物)'로 번역해 놨다. 역사학자들은 일본 식민지 때 해석을 고치지 않고 그대로 이어가고 있다. 일본이 고려에 투항하고 귀순하거나 조공을 바친『고려사』기록이 16회나 나온다. 고려 황실이 일본에 뭔가를 주었다는 기록은 없다. 작은 답례물을

---

[19] 조선시대 그 지방에서 나는 특산물을 지방에서 조정에 바치거나 조선에서 명 · 청나라에 바치던 예물

하사했을 뿐이다. 고려가 종주국이었고 일본은 종속국이었다.

고려는 한국의 역사를 통틀어 요즘 말로 하면 가장 글로벌한 다문화 국가였다. 이런 막강한 문화국가였던 고려에 대해 일본은 열등감을 지녔을 법하다. 일본이 고려에 조공을 바치는 것을 기록한 『고려사』를 애써 외면하고자 했고, 숨겨버리고 싶었을 것이다.

그런데 일본의 식민지 시기가 끝난 지 80년이 지났는데도 일본의 식민 역사관에 매몰된 한국의 역사학자들은 해방 이후 오늘까지 『고려사』를 국보 아닌 보물 이하로 처박아 두고 있는 현실이다.

다음은 『고려사』의 일본이 고려에 귀부하거나 '조공'을 바친(獻方物) 기록이다.

한국학중앙연구원 등 우리나라 국책연구기관이 고려가 송 나라·금 나라·원 나라에 보낸 방물, 또는 토산물을 조공이라 번역하고 있다. 그래서 균형을 중시하는 필자 역시 일본을 비롯 수십개 나라와 민족이 고려에 방물을 바치거나 토산물을 바친 기록을 '조공'으로 번역한다.

999년 10월(음) 일본인 도요미도 등 20호가 내투(來投, 귀순 투항)하여 이천군에 편입시키다.
1012년 8월 3일(음) 일본국 번주 35인이 귀순 투항하다.
1056년 10월 1일(음) 일본국 사신이 금주(김해)까지 와서 조공을 바치다.

1073년 7월 5일(음) 일본인이 동궁과 여러 대신에게 조공을 바치는 것을 요청하자 임금이 제서를 내려 "바닷길을 경유하여 개경에 이르기를 허락하라."라고 하였다.

1073년 11월 12일(음) 연등대회에서 대송·흑수·탐라·일본 등 여러 나라 사람들이 각각 예물과 명마를 바쳤다.

1074년 2월 2일(음) 일본국 선장 39명이 조공을 바치다.

1076년 10월 15일(음) 일본국 승려 25인이 영광군에 와서 왕의 장수를 비는 불상을 바치겠다는 것을 윤허하다.

1080년 9월 11일(윤) 일본 살마주에서 조공을 바치다.

1082년 11월 9일(음) 대마도에서 조공을 바치다.

1084년 6월 20일(음) 일본 상인들이 수은 250여 근을 바치다.

1087년 7월 21일(음) 대마도인들이 조공을 바치다.

1089년 8월 19일(음) 일본 상인들이 조공을 바치다.

1243년 9월 29일(음) 일본국이 조공을 바치면서 우리 표류민을 귀환시키다.

1388년 7월(음) 일본국 국사등이 조공을 바치고 포로25인을 돌려보내주며 대장경을 달라고 청했다.

1391년 11월 6일(음) 일본 큐수 번주, 미나모토 료순(源了浚, 원료준)이 사신을 보내 조공을 바치다.

왜국 외에도 발해, 송, 요, 금, 원, 동여진. 서여진, 북여진, 거란, 흑수여진, 흑수말갈, 서북여진, 토번, 동번, 서번 흑수말갈, 석국(石國). 해국(奚國), 철리국(鐵利國). 불나국(弗奈國), 흥요국(興遼國), 대식국(大食國)등 50여개 나라와 민족이 추장, 장군, 번주 들이 종족이나 인종, 국가에서는 조공을 바친(獻方物) 기록이 350여 회나 나와 있다.

지면 관계상 1020년대 『고려사』 10년간의 기록만 들면 다음과 같다.

1020년 1월 19일(음) 서여진 추장이 조공을 바치다.

1020년 2월 27일(음) 송나라 천주인(泉州人)이 와서 조공을 바치다.

1020년 5월 25일(음) 흑수말갈의 추장 오두나(烏頭那) 등 70여 인이 조공을 바치다.

1020년 6월 19일(음) 불나국 추장 사가문이 여진의 노울달을 보내 조공을 바쳤다.

1021년 7월 3일(음) 탐라에서 조공을 바치다.

1021년 9월 23일(음) 흑수말갈인이 조공을 바치다.

1022년 8월 17일(음) 철리국에서 조공을 바치다.

1023년 1월(음) 흑수말갈인 80명이 조공을 바치다.

1024년 9월(음) 이 달에 대식국(大食國)의 열라자 등 100인이 와서 조공을 바치다.

1025년 9월 2일(음 대식국에서 만하와 선라자등 100인이 와서 조공을 바치다.

1026년 8월 9일(음) 송나라 사람이 조공을 바치다.

1027년 1월 11일(음) 동여진 추장이 조공을 바치다.

1027년 6월 15일(음) 탐라에서 조공을 바치다.

1028년 7월(음) 동·서여진의 추장들이 조공을 바치다.

1028년 9월 5일(음) 송나라 사람이 조공을 바치다.

1029년 7월 1일(음) 탐라에서 조공을 바치다.

1030년 7월 18일(음) 송나라 천주 사람 노준등이 조공을 바치다.

1030년 9월 1일(음) 탐라에서 조공을 바치다.

10.
일본은 고려 제국의 속국이었다

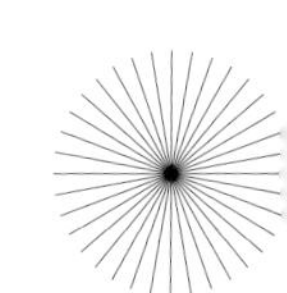

『사고전서』 속의 송대의 저명학자 곽약허(郭若虛)의 『도화견문지(図画见闻志)』(1080년) '고려국(高麗國)'편에는 "왜국은 일본국이다. 본래 이름인 왜를 부끄러워했는데, 동쪽 끝에서 스스로 일본이라 부른다. 지금 고려에 신하로서 속하고 있다(倭國乃日本國也,本名倭,既耻其名,又自以在極東,因號日本也. 今則臣屬高麗也)."로 기록, 일본을 고려의 속국으로 명시하고 있다.

일본은 고려를 대국으로, 고려 군주를 황제로 모셨다.

고려 제국의 군주들은 황제의 전용어인 조서, 성지, 칙령을 사용했다.

『사고전서』 속의 송대의 저명학자 곽약허(郭若虛)의 『도화견문지图画见闻志』
(1080년)

'조서(詔書)'는 황제의 명의로 작성되는 공문서이다.

조서를 넷으로 세분하면 황제가 중앙정부에 하달하는 명령을 '조(詔)', 일반 백성에게 하달하는 명령을 '칙(勅)', 법제를 고치거나 상벌을 내리는 '제(制)' 황제가 제후를 봉하는 명령을 '책(策)'이라 하였다.

이런 황제의 명령들은 통틀어서 '성지(聖旨)' 또는 '칙령(勅命)'이라고 했다.

108

조서는 황제국에서만 사용되었으며, 제후국에선 교서(敎書)와 어명(御命)으로 불렸다. 황제국 고려(918~1274년)는 당연히 황제의 명령, 조서(조·칙·제·책 포함)와 성지를 사용하였다. 원 나라 간섭기 이후와 조선 시대에는 조서를 쓰지 못하고 교서라고 했다. 조서의 명칭을 회복한 건 고종황제가 대한제국을 선포한 1897년 10월 12일 이후의 일이다.

• 태조가 조서(詔書)를 내리고 신하들이 사례하다.
―『고려사』세가제 1권 918년(태조 원년) 918년 6월 16일(음)

• 고종이 조서를 내려 말하기를, "농사가 바야흐로 바쁜 시기에 큰 가뭄이 들어서 해를 끼치고 있는데, 이는 진실로 형정이 잘못된 탓이므로 짐은 매우 두려워하노라."라고 하였다.
―『고려사』세가 제23 1242년(고종 29년) 9월 2일(음)

16세기 초까지 일본은 고려와 조선 군주에게 황제에게 올리는 표문을 바쳤다.

신하가 황제에게 올리는 공문을 '표문(表文)'이라 하고 제후나 태자에게 올리는 글을 '전문(箋文)'이라고 했다. 황제국 고려는 당연히 '표문'을 썼다. 그런데 고려가 제후국의 격식을 쓴 원 나라 간섭기 이후와 조선시대 전반기 16세기 초까지 일본과 유구국(琉球國, 지금의 오키나와현)는 고려와 조선 군주에게 신하가 황제에게 바치는 공문인 표문을 올렸다.(16세기 말 임진왜란 이전까지 일본은 조선을 상국(上國) 또는 대국(大國)으로 부르며 칭신(稱臣)했고, 신하가 황제에게 바치는 공문

형식의 표문을 올렸다.)

　• 무릇 표문을 올리는 경우 성상폐하를 칭하게 하고 전문을 올리는 경우에는 태자전하를 칭하도록 할 것이며, 제왕(諸王)은 영공(令公)이라 할 것이며, 중서령과 상서령은 태사령공(太師令公)이라 할 것이며, 양부(兩府)의 집정관은 태위(太尉)라고 할 것이다.
　―『고려사』 제84권 지38 형법1 공첩상통식 외관 예의상정소

　• 유구국 중산왕이 칭신하는 표문을 올리다.
　김윤후 등이 유구국으로부터 돌아왔는데, 중산왕(中山王) 찰도(察度)가 또 그 신하 옥지(玉之) 등을 보내서 신하를 칭하는 표문을 올리고 포로로 잡힌 우리나라 사람 37명을 돌려보내며 이어 방물(조공)을 바쳤다.
　―『고려사』 세가 제45권 1390년(공양왕 2년) 8월 28일(음)

　• 일본의 국승 현교가 칭신하며 표문을 바치다.
　일본의 국승(國僧) 현교(玄敎)가 승려 도본(道本) 등 40여 인을 보내어 와서 방물을 바치며 칭신하며 표문을 올려 말하기를, "하늘과 땅은 높으면서 넓기 때문에 만물을 덮어주고 실어 주며, 해와 달은 밝고 높이 비추기 때문에 만방을 환하게 해줍니다. 공자와 맹자는 인의에 근본을 두고 있기 때문에 모든 풍속을 가르치고 배양할 수 있으니, 이 셋과 같은 것들은 고금에 그 공을 나란히 할 만한 것이 드뭅니다. 가만히 듣건대 고려국왕 전하는 덕이 천지를 뒤덮고 밝기가 일월보다 뛰어나며 도가 공맹을 초월한다고 하였습니다. 예로부터 지금까지 사방의 오랑캐 국가들과 초목과 금수가 패연히 그

큰 은택을 입었으니, 전하와 그 공을 나란히 할 만 한 자는 아직까지 없었습니다. 그러므로 상서가 감응하여서 기린과 봉황이 길상을 바치고, 교외 풀숲에서 조화롭게 울고 있습니다. 엎드려 생각건대 현교는 멀리 태양 아래 일본 오랑캐 땅에 거하여 지극히 노둔하여 볼 만한 것이 없습니다. 다만 멀리서 화봉이 천추만세만만세(千秋萬歲萬萬歲)를 아뢰는 듯이 하여 예의상 조금이나마 잘못으로부터 면할 수 있기를 바랍니다."라고 하였다.

도본 등이 말하기를, "중국에서 일찍이 일본이 칭신하지 않았기 때문에 꾸짖었는데, 우리나라에서 대답하기를, '천하란 것은 천하의 천하인데 어찌 한 사람의 천하겠는가.'라고 하며, 끝내 칭신하지 않았습니다. 이제 대국(大國, 고려)에 칭신하는 것은 상국에 대한 의(義)를 사모해서입니다."라고 하였다.

─『고려사』46권 1391년(공양왕 3년) 10월 21일(음) 갑술(甲戌)[20]

일본은 고려 말까지 오늘날의 대사격인 국승을 파견하며 자국(일본오랑캐 땅, 日下夷地)은 중국에도 칭신하지 않고 중국을 대국이라 부르지 않았다.

그러나 고려 군주에 대해서는 '만세 만세 만만세'로 황제의 예로 경칭하며 자국을 고려의 신하 나라로 자칭 칭신하고 고려를 대국(大

---

²⁰ 日本國僧玄敎遣僧道本等四十餘人來, 獻土物, 稱臣奉表曰, "天地崇高而博厚, 所以覆載萬物也, 日月麗明而騰照, 所以輝華萬方也. 孔孟本仁而祖義, 所以敎養萬俗也, 若此三者, 古今罕有齊其功者也. 竊聞高麗國王殿下, 德普天地, 明逾日月, 道超孔孟. 自古至今, 四夷萬國, 草木禽獸, 需然霑其大恩大澤, 未有如殿下齊其功者也. 故瑞應有感, 麟鳳呈祥, 郊藪和鳴. 伏念玄敎, 遠居日下夷地, 至愚至陋, 不堪荒眼. 但遠啓華封千秋萬歲萬萬歲, 禮小逃逋惧之愆." 道本等言, "中國嘗責日本, 以不稱臣之故, 我國對曰, '天下者, 天下之天下, 豈一人之天下,' 終不稱臣. 今乃稱臣於大國, 乃慕義也."

國)으로 사대하여 온 사실(史實)과 사실(事實)을 대외국호 고려공화
국(대내 국호 대한민국)을 대표하는 정사(正史) 『고려사』에 명기하고
있다.

문화재청을 비롯한 관계 당국은 세계문화사상 전무후무한 자기
역사 말소, 자기 선조 모독 집단패륜죄행을 더 이상 자행하지 말라.

한국사 최고 성군 세종대왕이 총편집장, 조선 최고의 엘리트 집
단 집현전 학사들이 편집위원을 맡아 32년간 심혈을 기울여 집필한
기전체 정사 『고려사』를 하루빨리 국보로 승격시킬 것을 재삼 촉구
한다.

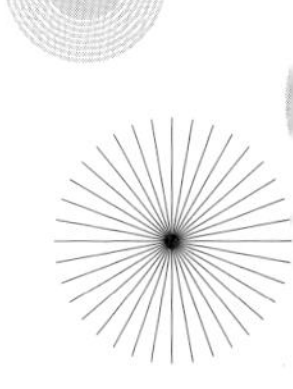

11.
정약용이 옳았다! 철리국의 위치

1. 11세기 고려가 동아시아 최강제국이라는 스모킹건,
鐵利國遣使, 表請歸附如舊

• 철리국에서 사신을 보내 예전처럼 귀부[21]할 것을 청하는 표문
(表文)[22]을 올렸다.
　─『고려사』 세가 13권 1021년(현종12년) 3월 18일 기사 '鐵利國
遣使, 表請歸附如舊'

　이제까지 한국인으로서 철리국의 위치를 추정한 학자는 조선 후

---

[21]　귀부(歸附)의 어학 사전적 의미는 '스스로 와서 복종함'이나 역사학적 의미
는 신라 경순왕의 고려에의 귀부처럼 나라(영토)를 바치고 복속하겠음을 내포함.
[22]　신하가 황제에게 바치는 글을 표문(表文)이라 하고 신하가 왕과 제후에게 바
치는 글은 전문(箋文)이라 한다

기 1811년에 다산 정약용이 거의 유일하다.

대한민국 국사편찬위원회는 한국과 중국의 정사(正史)의 기록은 '주장', 정약용의 학설은 '억측(臆測)'이라고 쓰는 반면 일제강점기 일본학자들의 억측 또는 가설은 '비정(比定)'이라고 쓰고 있다. 비정은 비교하여 추정함이라는 뜻으로, 일본 사학계에서는 거의 확인이라는 의미와 근접하게 쓰이는 단어다.

철리국 위치에 관해 일제강점기 일본학자들의 가설들을 '비정'으로 격상시킨 소개와 해설만 있을 뿐이다. 해방 후 지금까지 대한민국 학자가 독자적인 견해를 밝힌 선행연구는 찾을 수 없다.

'토문강'을 '두만강'으로 변조하고, 정약용의 '비정'을 '억측'이라는 국사편찬위원회이다(국사편찬위원회에서는 '토문강'을 '두만강'으로 변조하고, 정약용의 '비정'을 '억측'이라고 일축하고 있다). 다음은 국사편찬위원회의 한국사 데이터베이스 '철리국' 주석에서 발견한 다섯 가지 학설이다.

첫째, 철리국은 송화강의 지류인 토문강(圖們江) 북쪽 싱카이호(興凱湖南)[23] 이남에 있다는 설이다.
— 정약용, 『아방강역고』 5권 「발해고」

국사편찬위원회는 "정약용은 송나라의 철리왕자가 마와 포를 조

---

[23]   중국 흑룡강성과 러시아 연해주 사이에 위치한 중국 최대 담수호

공한 기사를 인용해 두만강 북과 싱카이호 남쪽으로 억측했다"[24]라고 주석을 달고 있다. 국사편찬위원회가 『아방강역고』의 송화강 지류인 토문강을 두만강으로 변조하는 것도 모자라 정약용의 학설을 억측이라고 적고 있다. 국사편찬위원회는 도대체 어느 나라 국사편찬위원회인가?

둘째, 헤이룽장강과 우수리강이 합류하는 교차지역(토리야마기치 鳥山喜一, 『渤海史考』, 1913, 294쪽)을 두만강에서 가장 먼 지역으로 비정했다.

셋째, 송화강과 무단장(牧丹江) 합류지점설(쓰다 소키치 津田左右吉, 「遼の遼東經略」, 1916, 282~285쪽)이 비정했다.

넷째, 하얼빈 인근설(이케 히로시 池內宏, 「鐵利考」 1933, 43~53쪽)이 비정했다.

다섯째, 철리국이송화강 하류유역의 이란(依蘭)현 근처에 있었다는 설이다(오가와 히로토 小川裕人, 「鐵利の住地に就いて」. 1937).

국사편찬위원회는 위의 다섯 학설 중 1937년 일본인 학자 5번 오가와 히로토의 이란현 학설이 가장 유력한 것으로 보인다고 기술하고만 있다.[25]

---

24 丁若鏞은 宋의 開寶 5年에 鐵利王子가 馬·布·膃肭臍를 貢한 記事를 引用하여 豆滿江 北으로 興開(凱)湖의 南일지도 모른다고 臆測하고, 그들이 膃肭臍를 貢한 것을 그 證據로 제시한 바 있다(『我邦疆域考』「渤海考」).

25 일제강점기 일본인 학자들이 철리국의 위치를 만주 북쪽으로 잡았을까? 필자

**1: 정약용 [아방강역고], 싱카이호 남쪽 우수리스크 인근
2~5 일본학자설 2 헤이룽장과 우수리강 교차부, 3. 무단장시
인근 4. 하얼빈시 인근 , 5. 송화강 이란현
6. 중국정부확인: 헤이룽장성 린커우현 林口县인근
* 정약용이 비정한 철리국 위치가 가장 사실에 근접**

2. 중국 정부 확인, 정약용이 옳았다

철리부는 발해국 5경 15부 중의 하나로 현재 헤이룽장성 린커우현(黑龙江省林口县) 일대로 확인하고 있다. 이는 『신당서(新唐書)』, 「북적열전(北狄列傳)」 흑수말갈조의 기록과 일치한다.

는 두 가지로 억측 아닌 비정을 해보겠다. 첫째, 만주지역을 침탈할 야욕에 부응하기 위하여 철리국의 위치를 북만주로 하고 둘째, 철리국의 위치를 될 수 있는 대로 고려와 멀리 떨어진 곳으로 잡아 고려와의 관계를 희석시키기 위한 것이 아닐까,

116

• 철리의 옛 땅을 둔 철리부(鐵利府)는 광주(廣州)·분주(汾州)·포주(蒲州)·해주(海州)·의주(義州)·귀주(歸州) 6주를 통치한다.

철리국의 판도는 4방 천리 현재 남한 면적 남짓이다.[26] 발해가 멸망한 후 고려와 수십회 조공을 바쳐왔던 철리국은 1108년 윤관이 동만주에 9성을 설치, 고려와 국경이 접하게 되자 이와 같은 귀부의 표문을 보냈다.

고려와 멀리 떨어진 것처럼 보이나 실제는 고려의 윤관 9성(고려의 함주대도독부 관할)과 접경한 인접국이었다.

다산 정약용이 옳았다! 결국 철리국의 위치에 관해 일제강점기 학자들의 '비정'은 '억측'이었고 정약용의 '억측'은 '비정'이었다. 일제와 친일식민사관에 이어 대한민국 국사편찬위원회에 의해 210년 동안 '억측'으로 폄하되어온 다산 정약용 선생의 1811년 『아방강역고』의 서술이 가장 사실에 근접한 '비정'임을 확인했다.

고조선부터 발해까지 우리 영토를 비정한 다산의 『아방강역고』의 후속편인 고려부터 대한민국까지의 대한 영토 4000리의 기억과 미래 『신아방강역고』를 쓰고 있는 지금 필자의 마음은 무척 착잡하다.

---

[26] *鐵利國地理位置: 黑龙江省东北部佳木斯市【刺史故挹婁國地渤海置府升案渤海置府據 盛京通志增入】【刺史故鐵利國地】

12.
강감찬을 '강한찬'으로 바로 모셔라

2001년 2월 4일(음력 섣달 그믐날) 금요일 오후였다. 중국 수도 베이징에서 주중대사관 외교관으로 근무하던 필자는 중국 설인 춘제(春節) 일주일간 연휴에 모처럼 장기 휴가를 떠났다. 베이징에서 손수 운전해서 허난(河南)성 성도 정저우(鄭州)까지 이어지는 107번 국도를 따라 남행했다.

허베이(河北)성 성도 스좌좡(石家莊)을 지나 잠시도 쉬지 않고 6시간 이상을 달려 내려가자 허베이성 최남단의 한단(邯鄲) 근교에 들어섰다. 총주행거리 15만km가 넘은 한국산 자동차 엔진이 이제 제발 좀 쉬었다 가자며 보채기 시작한다. 머릿속까지 심하게 윙윙거리며 아프다. 한단 시내에 못 미친 5km쯤, 국도 동쪽으로 제법 큰 사당이 눈에 들어온다. 핸들을 오른쪽으로 꺾어 샛길로 들어섰다.

'아!' 그 순간 어떤 풍경 하나가 시야로 들어왔다. 필자의 가슴팍에 급브레이크를 밟았다.

사당 입구에 걸린 편액 '황량몽·여선사(黃粱夢呂仙祀)'. 실제 가보리라고는 꿈에도 생각지 못했던 한단지몽(邯鄲之夢)[27] 이야기의 성지를 생시에 밟게 되었다.

『장자』에는 '한단지보(邯鄲之步)'라는 고사가 나온다. 전국시대 한단은 조 나라 수도였다. 시골 사람이 멋들어진 서울, 한단 사람의 걸음걸이를 흉내내다 결국 자기 걸음을 잃어버리는 어리석음을 이야기한 우화다

한단 시내에서 하룻밤을 자고 이튿날 한단 시내 동남부의 한산구(邯山區) 조 나라 한단고성(邯鄲古城)을 구경했다.

여행 가이드가 한단고성은 『초한지』에도 나오는 진나라 명장 장한(章邯, ?~기원전 205년)이 파괴했다고 한다.

그 순간 필자의 뇌리에는 아주 큰 의문 부호 하나가 떠올랐다.

---

[27] *당 나라 시절, 노생이라는 소년이 한단((邯鄲)지방의 객사에서 도사 여옹의 베개를 빌려 잠깐 잠을 잤다. 꿈속에서 그는 명가의 딸을 아내로 맞이하고 출세하고 재상까지 지내는 등 80년간의 온갖 부귀영화를 누렸다. 눈을 뜨자 여전히 자기는 도사의 베개를 베고 곁에는 도사가 앉아 있으며, 자기 전에 끓던 황량(메조) 아직도 끓고 있었다. 지금도 중국에서 이 한단지몽(邯鄲之夢)즉 황량몽(黃粱夢)은 도연명의 무릉도원에 비견될 만큼 널리 알려졌다.

낙성대 강감찬(姜邯贊) 장군 기마동상

1. '邯'鄲은 '한'단이라 읽는데…姜 '邯'贊은 왜 강'감'찬이라 읽을까?

한단의 '邯'은 '한'이라고 읽고 한단성을 파괴한 장군의 이름도 '장한(章邯)'이라 읽는다. 그런데 어째서 이순신 을지문덕과 더불어 한국사의 3대 영웅이자 필자의 조상인 강감찬(姜邯贊) 장군의 '邯'은 '한'으로 읽지 않고 '감'으로 읽는가?

누구라도 그러하듯 우리네 일상에서 좀 더 들춰보면 뭔가 끔찍한 게 나타날까봐 두려워 그냥 생각을 멈추고 지나가는 게 꽤 있다.

'강감찬' 장군의 성함도 그중 하나다.

'樂'을 '악'·'락'·'요'로 읽듯, 두 가지 이상으로 발음되는 글자 즉 '다음자(多音字)'겠지…, 그냥 넘어갔다.

그로부터 강산이 두 번 바뀌는 세월이 탄환같이 흘렀다. 아주경제에「신아방강역고」칼럼을 연재하면서 유독 일제와 그 후예 식민사관의 '고려'에 대한 은폐와 왜곡이 상상 그 이상임을 깨달았다. 저들은 고려시대 대표 위인 '강감찬' 장군조차 가만히 두지 않았다.

'강감찬' 장군 성함과 관련 국내의 온·오프라인 자료와 한국사학회의 태도를 살펴보자.

① 일제 강점기 이전의 한글 문서에도 강감찬으로 나온다.『강감찬전(姜邯贊傳)』은 1908년 우기선(禹基善)이 지은 강감찬 전기인데 '일한주식회사(日韓株式會社)'에서 단행본으로 간행했다.
— 한국학중앙연구원,『한국민족문화대백과사전』

② 강감찬은 '강한찬'을 잘못 읽은 것이라는 논쟁과 관련해 한국사학회는 "그동안 입에 굳은 대로 강감찬으로 가자"고 결론을 내렸다. 邯의 음은 오직 '강감찬'에서만 '감'이고 그 외에는 '한'이다.
—「네이버 백과」

결론부터 말하자면 '강감찬'이라고 읽는 것이 일본어의 잔재라는 주장은 낭설이다. 그냥 흔히 알려진 대로 '강감찬'이라고 읽으면 된다. 우선 일제강점기 이전의 한글 문서에도 엄연히 강감찬으로 나온다. 따라서 일제 때문에 강감찬이라고 불린다는 말은 근거 없는 음모론에 불과하다고 정리할 수 있다.
— 「나무위키」

2. 입에 굳은 대로 강감찬으로 가자니?

기가 막힐 노릇이다. 필자는 결론부터 말하지 않겠다. 과연 그럴까. 조목조목 짚어보겠다.

국사편찬위원회의 「한국사 데이터베이스」에는 '邯'이라는 한자가 모두 1413회 나온다.

'邯'의 음은 오직 '강감찬'에서만 '감'으로 713회 표기, 나머지 모든 인명·지명·관직명 등 690회는 '한'으로 표기해 놓고 있다.

『삼국사기』에는 '邯'을 '한'으로 표기한 국편위의 국역이 113회 (원문 22회) 나온다. '감' 표기는 0회다.

244년 1월(음) 석우로를 서불한(舒弗邯)에 임명하다
248년 1월(음) 장훤을 서불한에 임명하다
249년 4월(음) 서불한 석우로가 왜에게 죽임을 당하다
263년 1월(음) 양부를 서불한에 임명하다
285년 2월(음) 홍권을 서불한에 임명하다
295년 백제와 함께 왜를 공격하려다 서불한이 만류하다

310년 6월(음) 서불한 우로의 아들 흘해 이사금이 즉위하다

403년 1월(음) 미사품을 서불한으로 삼다

408년 2월(음) 대마도의 왜인 군영을 정벌하려다 서불한이 만류하여 그만두다

433년 5월(음) 미사흔을 서불한으로 추증하다

461년 2월(음) 서불한 미사흔의 딸을 왕비로 삼다

479년 2월(음) 서불한의 외손자 소지마립간이 즉위하다

637년 1월(음) 이찬 사진을 서불한으로 삼다

679년 1월(음) 서불한 천존을 중시로 삼다

681년 8월(음) 서불한 진복을 상대등으로 제수하다

743년 4월(음) 서불한 김의충을 딸을 왕비로 삼다

765년 6월(음) 서불한 김의충의 외손자 혜공왕이 왕위에 오르다

857년 9월(음) 서불한 의정의 증손자 문성왕이 조서를 남기다

898년 1월(음) 서불한 준흥을 상대등으로, 계강을 시중으로 삼다

서불한은 무엇인가? 국편위는 원문 모든 기사 하나하나에 "서불한(舒弗邯)은 신라 경위 17관등 중 제일 높은 이벌찬(伊伐湌)의 이칭"이라고 친절한 주석을 달았다.

648년 겨울 한질허(邯帙許)를 당나라에 사신으로 당나라에 보내다.
 ─『삼국사기』신라본기 5권 진덕왕 2년

한질허는 누구인가? 국편위는 이에 대해서도 "한질허(邯帙許): 진골(眞骨) 출신으로 진덕왕 원년(648)에 당나라에 조공사(朝貢使)로 파견되었다. 이외에 다른 기록에 전하지 않아 더 이상의 행적은

알 수 없다"[28]고 주석을 달아 놓았다.

『삼국유사』에는 邯을 '한'으로 표기한 국사편찬위원회의 국역이 12회 나온다. '감' 표기는 0회다.

이중 『삼국유사』 맨 처음 기사 제1권 제1 기이 신라 시조 혁거세왕을 예로 들어 보겠다.

"이름을 혁거세왕이라고 하며 광명으로 세상을 다스리다 혁거세왕은 왕위의 칭호는 거슬한(居瑟邯) 혹은 거서간(居西干)이라고도 하니"
― 국사편찬위원회 국역

어디 이뿐인가? 한국의 거의 모든 서적은 강감찬을 제외한 邯의 인명에도 '한'이라고 적고 있다. 앞서 조나라의 한단성을 파괴한 진나라의 장한(章邯, ? ~ 기원전 225년)과 중국 삼국시대 위나라 저명한 서예가 한단순(邯鄲淳, 132년 ~ ?)도 '한'으로 적고 있다.

3. '邯'의 음은 오직 '강감찬'에서만 '감'이고 나머지는 '한'이라니

국어사전·한자사전·한중사전·중한사전·옥편·자전·중국인명사전·백과사전 등 50권의 국내 모든 사전을 전수분석했다.

---

[28] 한질허(邯帙許)의 한(邯)은 성(姓)이다. 한(邯)씨는 중국에 희귀성씨로 베이징 근교에 1000여 명 집성촌이 있는데, 흉노족의 후손으로 적고 있다.

邯의 독음은 'hán'·'한'으로만 표기돼 있다. 'gam'·'감' 표기는 단하나도 없다. 심지어 2000년 한국 문화관광부가 펴낸 邯의 한글 표기법도 "국어의 로마자 표기법으로는 han, ham, 매큔 – 라이 샤워로는 han, ham 예일식으로는 han, ham"이라고 적고 있다.

국내 가짜 텍스트는 『강희자전』에도 감(gam) 또는 간(gan)으로도 나온다고 한다. 과연 그럴까?

『说文解字(설문해자)』부터 『玉篇(옥편)』·『字汇(자회)』·『康熙字典(강희자전)』·『中华大字典(중화대사전)』·『新华字典(신화자전)』·『汉语大词典(한어대사전)』과 오늘날 중국 최대 포털 바이두의 전자판 중문대자전까지 중국의 모든 자전·중영사전·영중사전 등 중국 출판 사전류 50종을 전수분석해 보았다. 邯은 'hán'으로만 독음 표기돼 있다.

심지어 홍콩에서 발행된 방언사전 광동화보통화서전(广东话普通话词典)』에도 邯은 'hon'으로 발음된다. 예나 지금이나 표준중국어나 방언 중어에는 'gam'이란 발음 자체가 없다.

다만 일본의 온·오프라인 사전에서는 邯은 gan(ガン, 오음) 또는 kan(カン, 한음)으로 적혀 있다.[29]

---

29   章邯 (しょうかん, 拼音: Zhāng Hán, ? – 紀元前205年) は, 秦の将軍. 雍王. 三秦の一人. 弟に章平がいる.

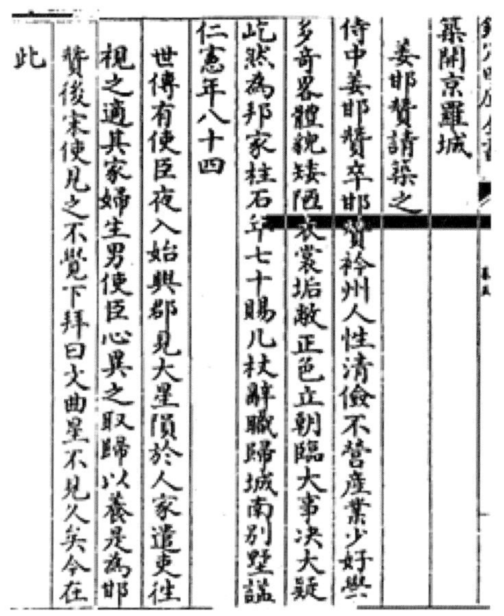

築開京羅城
姜邯贊請築之
侍中姜邯贊卒邯贊衿州人性清儉不營產業少好學
多奇畧體貌矮陋衣裳垢敝正色立朝臨大事決大疑
屹然為邦家柱石年七十賜几杖解職歸城南別墅諡
仁憲年八十四
世傳有使臣夜入始興郡見大星隕於人家遣吏往
視之適其家婦生男使臣心異之取歸以養是為邯
贊後宋使見之不覺下拜曰文曲星不見久矣今在
此

『고금도서집성』「조선부휘고
(朝鮮部彙考)」강한찬 장군

4. 강한찬 장군은 한국사의 황금시대를 연 구국 영웅

1018년 '강한찬' 장군은 당시 송 나라로부터 조공을 받던 11세기 세계 최강국(당시 유럽은 암흑시대) 요 나라 소배압 10만 대군을 몰살시켰다. 강한찬 장군의 귀주 대첩 이후 고려는 금 나라가 요 나라를 멸하는 1125년까지 세계 최고의 선진강국으로 천하를 군림했다. 이때가 한국사 전체를 통틀어 정치·경제·사회·문화·군사적으로 가장 빛나던 시기다.

이런 의미에서 강한찬 장군은 구국의 영웅 이상으로, 동아시아 역사에 엄청난 영향을 끼친 일대 위인이다.

강한찬 장군과 위대한 업적은 『고려사』뿐만 아니라 『요사』·『송사』·『금사』·『원사』·『명사』 등 역대 중국의 정사에도 명기돼 있다.

강한찬 장군 관련 국내 기존 대다수 텍스트와 위인전에는 전설이나 설화로 취급된 대목은 『고금도서집성』·『사고전서』등 중국의 정사에 명기돼 있다.

"어떤 사신이 밤중에 시흥군(始興郡)으로 들어오다가 큰 별이 인가에 떨어지는 것을 보고서 관리를 보내어 살펴보게 하였더니, 마침 그 집의 부인이 사내아이를 낳았다. 그 사신이 기이하게 여기고는 데리고 개경으로 돌아와 길렀는데, 이 사람이 바로 강한찬(姜邯贊)이었다."라고 한다. 재상으로 있을 때 송(宋)에서 온 사신이 그를 보고 자신도 모르게 절을 올리며 말하기를, "문곡성(文曲星)이 보이지 않은 지 오래되었는데, 바로 이곳에 있습니다!"라고 하였다.
—「고금도서집성」「조선부휘고朝鮮部彙考」

5. 일제는 왜 강한찬 장군의 성함을 '감'으로 날조했을까?

일제는 왜 강한찬 장군의 성함까지 '감'으로 날조했을까? 한 마디로 일본의 고려에 대한 열등감 폭발이다.

11세기 중국은 고려를 황제국으로 예우한 반면, 중국은 대체로

일본을 나라도 아닌 고려의 부속지역으로 난쟁이 해적 소굴로 취급
했다. 중국은 일본을 '왜'나 '왜국'으로도 부르지 않았다. 종놈나라
(奴国), 개종놈나라(狗奴国), 왜종놈(倭奴), 왜오랑캐(倭夷)로 불렀다
(『양서梁書』).

"왜국은 일본국이다. 본래 이름인 왜를 부끄러워했는데, 동쪽 끝
에서 스스로 일본이라 부른다. 지금 고려에 신하로서 속하고 있다."
　― 『사고전서』「도화견문지图画见闻志」[30]

심지어 일본 스스로 자국을 종놈나라(奴国, (なこく))로 자칭했던
일본의 흑역사 중의 흑역사였다.[31]

6. 창씨개명보다 악랄한 일제의 창지개명·창사개명·창인개명

흔히들 일본 제국주의 종말기인 1940년대 한국인의 성을 일본식
으로 고치게 한 창씨개명(創氏改名)만 기억하고 있다. 그보다 더 악
랄하고 근본적인 창지개명(創地改名), 창사개명(創史改名), 창인개명
(創人改名)을 잊어버렸다.

1) 창지개명
1908년 일제는 '무궁화 삼천리 화려강산' 후렴으로 반복되는 〈애

---

[30]　倭國乃日本國也,本名倭,既耻其名,又自以在極東,因號日本也. 今則臣屬高麗也.
[31]　日本史においては, 古くは中国史書『漢書』にあらわれる奴国 (なこく) など
がある.

국가)를 유포시켜 한국인의 고유 영토관 남북 4천리를 3천리로 축
소 조작했다.

1910년 일제는 국제사회에서 공인된 한국의 대외국호 'COREA'
를 'KOREA'로 개명했다.

1911~1914년 조선총독부는 토지조사사업과 행정구획 개편을
빌미로 창지개명(創地改名)을 개시했다. 백악을 북악으로, 삼각산을
북한산으로, 목멱산을 남산으로, 숭례문을 남대문으로, 흥인지문을
동대문으로 개명하는 것을 비롯해 한반도의 모든 지명을 제멋대로
바꿔 불렀다.[32]

2) 창사개명

1910년 8월 29일 한일병탄조약일 명치 칙령 318호는 대한제국
(1897년 10월 12일 ~ 1901년 8월 28일)의 말소를 명했다.

1925년 조선총독부는 한국사의 왜곡과 원활한 식민통치 수행을
위해 조선사편수회(朝鮮史編修會)를 설치하고, 이를 통해 식민사관
에 입각한 한국사를 조작했다.

통일후의 신라시대를 '통일신라시대'로 창사개명해 한반도를 평
양과 원산 이남으로 3분의 2로 축소 조작했다.

---

32 중국 역사마저 하상주(夏·商·周)를 하은주(夏·殷·周)로 서한과 동한을 전한
과 후한으로, 장강을 장강의 일부 양자강으로, 창지개명과 창사개명을 자행했다.

특히 『고려사』에서 그들의 열등감이 폭발했다. 이병도·최남선 등 조선사편수회를 중심으로 『고려사』 왜곡 은폐작업에 착수했다. 고구려는 장수왕이 평양으로 천도한 420년경 '고려'로 국호를 개명했는데도 계속 고구려로 표기하고 후삼국 시대 후고려를 후고구려로 창사개명했다.[33]

고려 전기는 훈요십조의 '차현 이남과 공주 강외'를 '차령 이남 공주 이남'으로 조작하고, 왕건 황제를 지역 차별이나 하는 풍수쟁이로 왜곡했다. 고려 중기는 무신 시대의 암흑상을 부각하고, 고려 후기는 원나라의 복속 상황을 침소봉대 왜곡 조작했다.

그러나 일제는 황제국 고려의 찬란한 빛을 가릴 수 없었다. 자국이 고려를 상국으로 모시고 수십회나 조공을 바치고 717회나 침략한 왜구의 흑역사를 모두 조작할 수는 없었다.

그래서 『고려사』·『고려사절요』·『동국통감』 고려 역사를 서술한 조선3대 관찬사서를 철저히 '블라인드 처리'하는 프레임을 짰다. 내선일체·일선동조론을 날조해내고, 이는 박정희·전두환 시대 때 『환단고기』류로 표출돼 황금의 고려 475년 사실을 허환(虛幻) 소설화하는 만행을 저질러 왔다.

---

[33] 태조·정종·태종부터 세종대왕을 '총편집장'로 당대 최고의 두뇌집단이 60년 걸려 편찬한 『고려사』(지방문화재로 처박고 있음)엔 '후고구려'라고 하지 않고 '후고려'라 명기돼 있다.

3) 창인개명

창지개명과 창사개명으로도 모자랐던 일제는 창인개명까지 자행했다. 이를테면 『삼국사기』·『고려사』·『삼국유사』 등 한국 대표 사서엔 선덕왕·진덕왕·진성왕 뿐이다.

그런데 일제는 '女' 자를 넣어 선덕여왕·진덕여왕·진성여왕으로 날조했다. 이는 일본의 뿌리 깊은 여성차별과 간교하고 은밀한 한국사 조작과 모멸의 실례다.[34]

더욱이 한국사 최고의 황금시대를 연 강한찬 장군을 그냥 가만히 두지 않았다. 성함 가운데 邯의 한을 일본식 발음 gan과 비슷한 '감'으로 '창인개명'했다.

1908년 조선통감부 산하 일한주식회사에서 강한찬을 강감찬으로 날조한 『강감찬전(姜邯贊傳)』을 펴냈다. 1913년 조선총독부 산하 출판사 조선서관(朝鮮書館)에서 『고려강시중전』을 펴내며 다시 '강감찬' 장군으로 조작했다. 그리하여 지금까지 우리는 '강감찬'으로 부르는 너무도 부끄러운 우행을 범하고 있다.

4) 당장 강한찬 장군으로 바로잡아라

Karl Marx도 칼 맑스가 아닌 마르크스(マ_クス)로 발음하는 이유는?

니체의 대표작 『짜라투스트라는 이렇게 말했다』의 짜라투스트라를 차라투스트라로 표기하는 이유는?

---

34 역대 일왕에는 몇몇 여성이 있으나 女를 붙이지 않고 칭호한다.

니체의 대표작 『Also sprach Zarathustra』의 국내 번역본 책제목 절대 다수(무려 360권)가 『차라투스트라는 이렇게 말했다』로 된 까닭은 뭘까?

답은 아주 간단하다. Z도 발음 못 하는 일본인 번역책 『ツァラトゥストラはこう語った』는 무뇌증으로 제목까지 통째로 재탕 번역하다 보니 그런 것이다. '강한찬'이 아닌 '강감찬'인 이유는? 답은 똑같다. 1895년 이후 현재까지 대일본제국과 그 후예들이 그렇게 말하고 가르쳐왔기 때문이다.

앞서 말한 '한단지보'는 못난 사람이 잘난 사람 흉내내는 걸 풍자한 사자성어다. 그런데 '한'을 '감'으로 읽는 것은 최우수민족 한국인이 열등민족 일본인을 추종하고 스스로를 모독하는 거나 거나 마찬가지다. 기가 막히고 딱하고 한심한 종일매국 '한심종일(寒心從日)'이라 할까?

가짜 뉴스보다 100배 나쁜 것은 가짜 텍스트다. 일제보다 10배 더 나쁜 자는 옛 친일파다. 옛 친일파보다 100배 더 나쁜 자는 현생 종일매국 언관학 현행범이다.

특히 을지문덕 이순신과 더불어 한국사 구국 3대 영웅이자 한국사 최고의 황금시대를 연 위인을 '강감찬'으로 오독 모독하는 것은 자기 선조 모독 패륜범죄이다.

더구나 '강한찬'을 잘못 읽은 것이라는 논쟁을 한국사학회에서

“그동안 입에 굳은 대로 강감찬으로 가자”고 결론 내리는 것은 결코 용서받지 못할 대역범죄이다.

관계 당국은 우리 한민족이 역사와 진실 앞에 더이상 죄를 짓게 하지 말라. 당장 ‘강한찬’ 장군으로 바로 모셔라!

13.
세종의 최대 역점 사업,
한글 창제보다 『고려사』 편찬

1. 세종대왕 재위시 우리나라는 세계 최고 선진강국

세종대왕(이도〔李祹〕, 생몰 1397~1450년, 재위 1418~1450년) 재위 32년간은 한민족 최고의 감격시대였다. 세종 시대 우리나라는 동아시아뿐만 아니라 세계 선진강국이었다.

당시 중국 명 나라는 황제가 오이라트족의 포로가 되는(1449년 토목의 변) 치욕시대였다. 일본 열도는 무로마치 막부시대 말기로 천황과 쇼군의 권위가 다 같이 떨어진 역대 최악의 하극상 난장판 시대였다. 뿐만 아니라 유럽은 아직도 어두컴컴한 중세 암흑시대였다.

훈민정음 반포, 4군 6진 개척, 대마도 정벌(세종1년 1419년 태상왕 태
종이 주도), 집현전 설립, 『속육전』 법전 편찬, 해시계 앙부일구, 물
시계 자격루 등 발명(장영실), 음악 장려(박연의 새로운 악기 개발), 총
통, 신기전, 화차를 비롯한 각종 화약 무기 개발과 개량, 『농사직설』
(조선 풍토에 맞는 농서 편찬) 등 세종대왕의 업적은 이루 헤아릴 수 없
다. 그런데 『세종실록』 1418년 처음부터 1450년 끝까지 제일 오래
많이 기록된 세종대왕 업적은 무엇일까? 훈민정음일까? 아니다.

「세종실록」에 '훈민정음'은 1443년(세종 25년)~1447년(세종 29
년) 총 5차례[35] 기록된 반면, 『고려사』는 즉위한 해 1418년(세종 1
년)~1450년(세종 32년) 승하하던 해까지 무려 34회[36]나 기록돼 있다.

---

[35] 1. 훈민정음을 창제하다. 1443-12-30(세종 25년)
2. '훈민정음'이 이루어지다. 어제와 예조 판서 정인지의 서문. 1446-09-29(세종
28년)
3. 이과와 이전의 취재에 훈민정음을 시험하게 하였다. 1446-12-26(세종 28년)
4. 함길도 자제의 관리 선발에 훈민정음을 시험하게 하다. 1447-04-20(세종 29년)
5. 『동국정운』 완성에 따른 신숙주의 서문. 1447-09-29(세종 29년)
[36] 1. 윤회에게 『고려사』를 개수해야 함을 말하다. 1419-09-19(세종 1년)
2. 유관·변계량 등에게 『고려사』의 개수를 명하다. 1419-09-20(세종 1년)
3. 유관에게 『고려사』 교정에 대하여 묻다. 1420-02-23(세종 2년)
4. 경연에서 정사를 보다 1420-05-28(세종 2년)
5. 유관·변계량이 『고려사』를 교정하여 올리다. 1421-01-30(세종 3년)
6. 상왕이 환관을 보내어 권규에게 제사를 지내다. 1421-04-05(세종 3년)
7. 공신의 작을 물려받는 고례를 상고하여 아뢰게 하다. 1422-12-21(세종 4년)
8. 예조 정랑 윤수가 고려 태조 이하 팔위 제향에 쓸 전물 등에 대해 아뢰다. 1423-
06-29(세종 5년)
9. 지관사 유관·동지 관사 윤회에게 『고려사』를 개수케 하다. 1423-12-29(세종
5년)
10. 동지춘추관사 윤회가 교정하여 편찬한 『고려사』를 올리다. 1424-08-11(세
종 6년)
11. 사관이 사망하더라도 그 자손으로부터 즉시 사초를 수납하지 말게 하다.

1424-12-01(세종 6년)

12. 『고려사』를 정도전이 편수한 전례에 따라, 참의한 이름을 고치고 휘하게 하다. 1425-12-07(세종 7년)

13. 정묘년에 고친 의관 제도를《원전》속의 전조 판지에 추가 기록케 하다. 1426-11-20(세종 8년)

14. 변계량이 문과의 초장에 강경하는 것의 불가함을 상서하니 제술을 위주로 하게 하다. 1428-04-23(세종 10년)

15. 효제를 돈독히 하고 풍속을 후하게 이끌도록 할 방책을 논의하게 하다. 1428-10-03(세종 10년)

16. 중국 황제가 구하는 석등잔의 헌납 방법과 학문진흥책을 의논하다. 1429-01-04(세종 11년)

17. 전조의 길재 · 최영 등에 대해 얘기하다. 1430-11-23(세종 12년)

18. 임금이 『고려사』를 보고 춘추관에 수찬 방법에 관한 처리여부를 전지하다. 1432-08-10(세종 14년)

19. 경연에 나아가 『고려사』의 체재에 대해 논의하다. 1438-03-21(세종 20년)

20. 춘추관에서 신우 · 폐왕 우 · 폐왕 창으로 할 것을 아뢰다. 1438-07-08(세종 20년)

21. 경연에 나가 고려사 편수에 왕씨를 용의 자손이라 하는 말을 갖추어 기재하도록 이르다. 1439-01-12(세종 21년)

22. 김종서에게 공험진의 위치 · 비 등 동복지방에 대해 아뢰라고 전지하다. 1439-08-06(세종 21년)

23. 우의정 신개가 함길 · 평안 양도의 부방, 입보 등의 폐단과 비변책에 대해 상언하다. 1440-02-18(세종 22년)

24. 의정부에서 송골매를 잡는 데 대한 상벌의 규정과 법을 만들어 올리다. 1442-04-10(세종 24년)

25. 신개 · 권제 등이 찬술한 『고려사』를 올리다. 1442-08-12(세종 24년)

26. 의정부 우찬성 권제의 졸기. 1445-04-16(세종 27년)

27. 의정부 좌의정 신개의 졸기. 1446-01-05(세종 28년)

28. 이계전과 어효첨에게 『고려사』의 유루된 것을 교정하게 하였다. 1446-10-11(세종 28년)

29. 『고려사』에서 요나라가 세자에게 면복을 준 일이 빠졌으므로, 교정하여 다시 편찬하도록 춘추관에 전지하다. 1449-01-04(세종 31년)

30. 『고려사』 개찬에 대해 춘추관에 전지하다. 1449-01-28(세종 31년)

31. 김종서 · 남지 · 윤형 · 김효성 · 안지 · 이변 · 조수량 · 김문기 · 김연지에게 관직을 제수하다. 1449-02-01(세종 31년)

태종 이방원은 1418년 9월 9일 셋째 아들 세종 이도에게 왕위를 물려주고 1422년 6월 11일까지 4년간 태상왕 자리에 앉아 줄곧 국정을 감독하고, 병권과 인사권, 의금부를 통한 감찰권을 장악하였다. 세종에게는 그 밖의 업무와『고려사』편찬 등을 맡겼다.

2. 세종은『고려사』를 편찬하면서 '대왕'이 됐다

역사란 과거가 아니라 데이터베이스다. 최고의 독서는 저술이다. 475년간 고려의 무궁무진한 데이터베이스를 읽고 모으고 편찬하고 교열 감수하는 과정 중에 세종은 한민족사상 최고 업적을 이룬 세종대왕이 되었다.

세종대왕은 당대 모든 분야, 즉 문학, 사학, 철학, 법학, 언어학, 음악, 수학, 과학, 공학, 철학, 경제학, 재무학, 회계학, 천문학, 물리학은 물론 영토 확장과 신무기 개발 등 전천후 전방위 백과전서파 학자이자 실천적 군주가 될 수 있었다.

이것이 가능했던 가장 큰 이유는 32년 재위 기간 내내 고려사 총편집장 역할을 맡아 당대 최고의 지성과 함께 연구하고 실천했기 때문이다. 세종대왕의 4군6진 개척은 윤관의 9성 개척에서, 훈민정

---

32. 춘추관에서『고려사』개찬에 대해 논의하다. 1449-02-05(세종 31년)
33.『고려사』개찬할 때 뜻대로 삭감한 권제 · 안지 · 남수문 등에 과죄하다. 1449-02-22(세종 31년)
34.『고려사』편수시 우 · 창 부자의 기술 문제를 춘추관에서 아뢰니 그대로 따르다. 1449-04-06(세종 31년)

음 창제는 고려 문자를 수집 연구한 과정 중에 나온 것이다.

세종은 즉위하자마자 『고려사』를 사실을 사실대로 올바르게 쓰라는 이실직서(以實直書)의 원칙을 천명했다. 1419년 9월에 류관과 변계량이 개수했다.

그러나 세종은 다시 1423년 류관과 윤회가 고려의 왕실 용어나 참칭의 개서에 대하여 고려가 당시 썼던 용어를 그대로 직서하도록 명하여 전면개수했다.

그 후 1438년~1442년 신개와 권제가 4번째로 개수하여 『고려사전문(高麗史全文)』이라 이름하였다. 그러나 세종은 친히 교정 과정에서 조선왕조의 개창을 정당화하기 위해 지나치게 고려왕조를 깎아내렸음을 발견했다. 역사를 왜곡한 권제를 처벌하고 반포를 중지했다.

1446년 세종은 다시 김종서, 정인지, 이선제에게 개찬을 명했다. 실제 작업은 신숙주, 최항, 박팽년, 이석형, 김예몽, 하위지, 양성, 유성원, 이효장, 이문형 등 당대의 최고 문관들이 참여하였다. 1449년(세종 31년)에는 춘추관에 전지하여 다시 편찬하도록 했다. 세종이 승하한 1451년(문종 1년)에 최종적으로 『고려사』를 편찬하였다. 세종에게 전면개찬 5회, 부분개찬 6회의 퇴짜를 받아 아마 세종이 더 오래 살았더라면 편찬 기간도 더 길어졌으리라. 그토록 『고려사』는 세종대왕이 평생의 비원을 담은 라이프북이자 대백과사전이자 한민족사상 최고의 정사(正史)였다.

전면 개편 지시 기록 5회, 부분교정 지시 기록 6회, 세자인 문종과 함께 편집회의 경연에 나아가 친히 감수한 기록만 4회, 총 '고려사' 관련 『세종실록』 34회의 기록 중 우리에게 시사하는 바가 큰 기사 3건만 들면 다음과 같다.

1) 왕씨들은 '용의 자손'으로 기재하라

흔히들 조선 태조 이성계가 왕씨들을 몰살했다는 것을 야사로 알고 있다. 아니다. 정사였다.

조선을 세운 지 2년도 안 된 1394년 1월부터 왕씨들을 강화도와 거제도 등으로 유배를 보내는 식으로 왕씨들에 대한 탄압이 시작되었다. 1394년(태조 3년) 4월에는 강화도와 거제도뿐만 아니라 전국의 모든 왕씨들을 주멸하는 일대학살이 벌어졌다.

① 1394년 4월 14일 왕씨 일족을 제거하기 위해 관원들을 삼척, 강화, 거제도에 보내다.

② 1394년 4월 15일 윤방경 등이 강화에 있던 왕씨 일족을 강화 나루에 빠뜨려 죽이다.

③ 1394년 4월 20일 중앙과 지방에 명령하여 왕씨(王氏)의 남은 자손을 대대적으로 수색하여 이들을 모두 주멸했다.

④ 1394년 4월 26일 왕씨의 성을 쓰지 못하게 하다. 고려 왕조에서 왕씨로 사성(賜姓)이 된 사람에게는 모두 본성(本姓)을 따르게 하고, 무릇 왕씨의 성을 가진 사람은 비록 고려 왕조의 후손이 아니더라도 또한 어머니의 성(姓)을 따르게 하였다.

왕씨에 대한 탄압은 태종 때도 계속되었다

① 우왕의 비였던 왕흥의 딸을 아내로 삼은 통례문 판사 유은지가 귀양 가다. 1403년 11월 15일(태종 3년)
② 전조 왕씨의 후손 왕휴의 아들 왕거을오미를 순금사에 가두다. 1413년(태종 10년) 11월 15일
③ 전조 왕씨의 자손인 왕상우를 신문하여 관련자를 보고하라고 명하다. 1416년(태종 16년) 11월 1일

그러나 세종대왕은 왕씨들을 포용하고 용의 자손이라 등재하라 하였다.

경연에 나아갔다. 임금이 검토관 이선제(李先齊)에게 이르기를, "네가 지금 관직이 춘추관을 겸임하여 『고려사』를 편수하는 데 참예하고 있으나, 왕씨를 용의 자손이라 하는 것은 그 말이 매우 괴상한 것이다. 예전에 충선왕이 원나라에 갔을 적에 원나라 학사가 그 연유를 물었으니, 비록 그 말이 황당하지만 후세에 불가불 전하여야 하겠으니, 사책(史冊)에 갖추 기재하는 것이 가할 것이다."고 하였다. ― 1439년(세종 21년) 1월 12일

세종의 뒤를 이은 문종은 "개국할 초기에 왕씨(王氏)를 참혹하게 대우한 일은 진실로 태조의 본의가 아니다. 우리 황고(皇考 세종)께서 이 일을 생각할 때마다 추도하여 마지않으시고 항상, '왕씨(王氏)의 후손을 찾아내고자 한다'고 말씀하셨다.
― 1451년 문종 1년 11월 6일

문종 때부터 개성 왕씨는 사족의 일원으로 조선 사회에 완전히 녹아들었다.

2) 윤관이 개척한 9성과 공험진을 현지조사 보고하라

『고려사』와 『조선왕조실록』을 통틀어 제일 오래 많이 찬양돼 온 장군은 동북만주(흑룡강성) 9성 개척한 윤관(총 235회 세종대왕이 최다 언급 11회)이다. 그런데 왜 언제부터 우리는 을지문덕 강한찬(강감찬), 최영, 이순신 등 수비형 장군만 부각하고 있을까?

세종대왕은 고려사 편찬에 집중하다가 엄청난 사실을 깨달았다. 고려의 영토가 고구려보다 더 넓었다! 광활한 고려의 북방영토와 윤관 대장군을 되살리고 싶었다.

1439년(세종21년) 8월 6일 세종대왕은 김종서에게 공험진의 위치·비 등 동복지방에 대해 아뢰라고 지시하다.

김종서에게 공험진의 위치·비 등 동복지방에 대해 아뢰라고 전지하다.

함길도 도절제사 김종서에게 전지하기를, "동북 지경은 공험진(公嶮鎭)으로 경계를 삼았다는 것은 말을 전하여 온 지가 오래다. 그러나 정확하게 어느 곳에 있는지 알지 못한다. 본국의 땅을 상고하여 보면 본진이 장백산 북록에 있다 하나, 역시 허실을 알지 못한다.

『고려사』에 이르기를, "윤관(尹瓘)이 공험진에 비를 세워 경계를 삼았다."고 하였다. 지금 듣건대 선춘점(先春岾)에 윤관이 세운 비가 있다 하는데, 본진이 선춘점의 어느 쪽에 있는가. 그 비문을 사

142

람을 시켜 찾아볼 수 있겠는가. 그 비가 지금은 어떠한지. 만일 길이 막히어 사람을 시키기가 용이하지 않다면, 폐단없이 탐지할 방법을 경이 익히 생각하여 아뢰라. 또 듣건대 강밖에 옛 성이 많이 있다는데, 그 고성에 비갈(碑碣)이 있지 않을까. 만일 비문이 있다면 또한 사람을 시켜 등서(謄書)할 수 있는지 없는지 아울러 아뢰라. 또 윤관이 여진을 쫓고 9성을 설치하였는데, 그 성이 지금 어느 성이며, 공험진의 어느 쪽에 있는가. 거리는 얼마나 되는가 얼마나 되는가. 듣고 본 것을 아울러 써서 아뢰라."고 하였다.

세종대왕의 공험진 조사 명령에 대한 김종서의 현장 답사 보고서 등 세종대왕의 4군 6진 개척 편에서 상술하기로 한다.

3) 「고려사」를 왜곡 편찬한 죄로 「용비어천가」 편찬 공신 파직

1449년(세종 31년) 2월 22일 『고려사』 개찬할 때 뜻대로 삭감한 권제·안지·남수문 등에 과죄하다.

이조에 전지하기를, "전자에 『고려사(高麗史)』가 소략함에 지나쳐서 권제(權踶) 등에게 개찬(改撰)하기를 명하였더니, 이제 그 글을 보건대, 권제가 뜻대로 삭감하여서, 혹은 남의 청탁을 듣고, 혹은 자기에게 관계되는 긴요한 절목(節目)은 모두 그 사실을 빠뜨렸다. 안지(安止)도 권제와 더불어 마음을 같이하여 도와 이루었으니, 참람함이 막심하매, 권제의 고신(告身 임명장)과 시호를 추탈(追奪 박탈)하고, 또한 안지의 고신을 빼앗아 영영 서용(敍用임용) 하지 말며, 낭청(郎廳 종6품 오늘날 5급공무원 사무관) 남수문(南秀文)도 『고려사』의 일을 오로지 맡아서 당상관에 아부하였으니, 그 죄가 또한 같으니,

고신을 추탈하라."고 하였다.

  권제가 구사(舊史)를 깎고 보탠 것은 매우 자세하였다. 그러나, 채하중(蔡河中: 고려 말 역적 공민왕때 참수형)의 어머니는 용강의 관비이라, 사관이 모두 그 사실을 썼다. 윤회(尹淮)도 기록하였으며, 권제도 초고에는 실었으나 최사강(崔士康)의 청을 듣고 마침내 깎았으며, 또 권제의 아버지 권근이 성지를 사사로 개탁한 일을 제가 그 말을 왜곡되게 썼다. 또 사초에는 권부(權溥)·권준(權準)·권고(權皐) 등의 행실을 낮추어 썼는데, 제는 이것을 또 기록하지 아니하였다.

  (중략)

  권제의 죄가 오로지 여기에만 있는 것은 아니나 하는 바가 이와 같으니, 그 화(禍)가 미치는 것이 마땅하다. 안지는 성품이 나약하여 권제에게 견제(牽制)되어 같이 죄를 받았다. 남수문은 널리 경사(經史)에 통하고 글에 고기(古氣)가 있었다. 처음에 사마천(司馬遷)을 모방하여 역사를 편찬하고자 하였으나, 중론(衆論)의 억제하는 바가 되어 실행하지 못하였다. 권제의 편찬한 『고려사』에 남수문의 글이 많았으나, 성품이 좁고 꼿꼿하여 역사 편찬하는 일을 독단으로 함이 많으니, 동류들이 마음으로 꺼리고, 안지도 남수문의 독선을 미워하여 일찍이 좌중에서 꾸짖고 욕하였다.

  이 일로 인하여 문종 때 사관은 권제를 이렇게 평하였다.
  권제는 총명하고 학문이 넓으며, 말을 잘하고 시사를 말하기를 좋아하였다. 그러나, 기첩(妓妾)에게 혹하여 처자를 대접하기를 매우 박하게 하여 가도(家道)가 바르지 못하니, 세상에서 이를 좋지 않게 여겼다. 그의 딸은 일찍이 첩과 더불어 거스림이 있어, 제가 발로 차서 죽었는데, 뒤에 역사 왜곡 때문에 제명(除名)하였다. 그 자손들은 세세대대로 벼슬하지 못하였다.

　권제는 조선시대의 문신. 친명정책을 펼쳐 조선시대 왕권확립의 공신 권근(權瑾)의 아들이다. 1414년(태종14) 문과에 장원하고, 1429년(세종11)에 진헌사로 명나라에 다녀와서 경기도 관찰사가 되었다. 1436년(세종18)에 이조판서로서 『동국역대가』를 지어 올리고, 1446년(세종27)에 의정부 우찬성(종1품 부총리급)으로서 훈민정음을 활용하여 우참찬 정인지, 공조참판 안지 등과 함께 「용비어천가」를 지어 올렸다. 그러나 이런 공신중의 공신인 권제도 『고려사』를 자의적으로 삭감한 것이다. 놀라운 것은 세종대왕은 고려사를 아주 꼼꼼하게 친히 재검증한 것이다.

　특히 요즘 곡필 100%가 상습성 체질화된 언관학 지식인들이 세종대왕 시대에는 어떻게 처단됐을까.

　이런 세종대왕이고 이런 『고려사』인데 1392~1451년 동안 태조 정종 태종 세종 문종 임금 5대와 당대 최고지성들이 피와 눈물을 다 쏟아 편찬해낸 『고려사』를 국보도 아닌 보물로 처박아 놓고 있다.

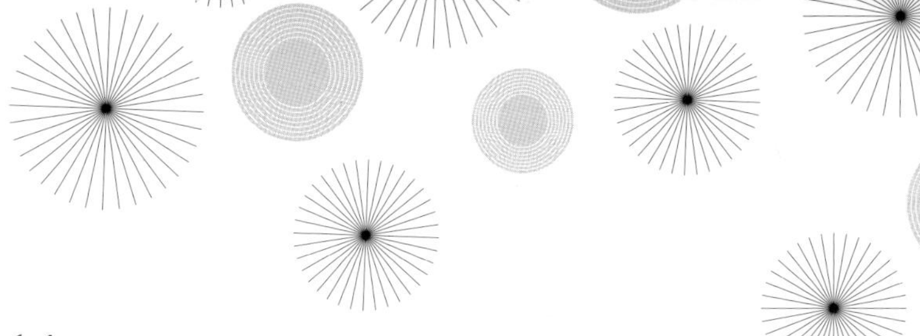

14.
일제가 10리를 4km로 축소 조작한 까닭

1. 왕십리에서 북서쪽으로 10리(4km)를 가면 경복궁일까?

조선 초, 무학대사가 태조 이성계의 명을 받아 새로운 도읍지를 찾아 전국을 돌아다니던 중에 지금의 한양대학교 서울캠퍼스 앞 부근을 지나고 있었다. 북으로 행당산, 서로 매봉산, 동과 남으로 청계천이 흐르니 명당이라 생각하여 이 곳을 도읍으로 정하자고 생각하였다.

그런데 그 순간 한 노인이 소를 끌고 지나가면서 소에게 "야 이 무학같이 미련한 소야"라고 하자, 무학이 깜짝 놀라 그 노인에게 가서 "혹시 도읍이 될 만한 곳을 아십니까?"라고 물었다.

이에 노인은 "북서쪽으로 십리를 더 가보시오. 도읍이 될만한 터가 있을 것이오"라고 말하고는 그 자리에서 사라졌다고 한다.

10리: 고려 이전; 488m 고려 시대; 533m, 조선 시대;576m, 1905년 ~ 현재는 4Km.

무학대사가 그 말을 따라 십리를 더 걸어 나온 곳이 지금의 경복궁이다. 갈 왕(往) + 열 십(十) + 거리 단위 리(里) = '왕십리'가 된 것이다.

그렇다면 정말로 왕십리에서 10리(4킬로미터)를 가면 경복궁인가?

아니다. 5.76킬로미터를 가야 경복궁이다.

2. 대한 영토 '사천리'를 '삼천리'로 축소 조작한 일제

노래의 힘이 헌법보다 강하다. 우리나라 국민의 국토관을 대한의 고유 영토 4천리에서 3천리로 축소하게 한 원흉은 영토를 한반도로 국한한 헌법 제3조가 아니라 '무궁화 삼천리' 애국가 후렴의 무한 반복 학습이기 때문이다.

『조선왕조실록』, 『사고전서』 등 조선 시대와 중국의 명·청(明·淸) 시대 거의 모든 문헌에는 우리나라의 강역이 '삼천리'가 아닌 '사천리'로 표기돼 있다.

『조선왕조실록』에는 다음과 같은 기록이 있다.
① 선조 26년(1593년) 6월 29일, 조선 국토의 넓이는 동서로 이천리 남북으로 사천리(朝鮮幅圓, 東西二千里, 南北四千里)
② 고종 34年(1897년) 9월 29일: 육지영토는 사천리를 뻗어 있고 (陸地疆土, 延互四千里)
③ 고종 34년(1897년) 9월 30일: 우리 영토의 넓이는 사천리로서 당당하게 다스리는 나라(惟我幅圓四千里, 堂堂萬乘之國)
④ 고종 34년(1897년) 10월 13일: 사천리 강토에 하나의 통일된 왕업을 세웠다(幅員四千里, 建一統之業)

중국의 명·청(1368~1910) 시대 대표 총서·사서·지리지·지도들에도 조선 영토는 '동서 이천리, 남북 사천리(東西二千里, 南北四千里)'로 기록돼 있다.
① 『대명일통지(大明一統志)』

② 『함빈록(咸賓錄)』

③ 『황명경세문(皇明經世文)』

④ 『명사기사본말(明史紀事本末)』

⑤ 『대청일통지(大淸一統志)』

⑥ 『대청만년일통지리전도(大淸万年一統地理全圖)』

⑦ 『사고전서(四庫全書)』「조선부(朝鮮賦)」

⑧ 『사고전서』「외사이관고총서(外四夷館 考總敍)」

⑨ 『사 고전서』「조선도설(朝鮮圖說)」

⑩ 『광여도전서(廣輿圖全書)』 등

반면, '삼천리'는 고려태조 왕건이 후삼국을 통일한 936년부터 일본의 강압에 의한 강화도조약 체결 1876년 이전까지 한국의 영토 범위로 쓰인 적이 단 한번도 없을 뿐더러 조선 시대 최악의 유배 형벌 용어였다.

1876년부터 '삼천리'는 '삼천리 유배형'에서 '삼천리 강토'로 둔갑해갔다. 1894년 갑오경장 이후 윤치호(1865~1945년, 애국가 작사자, 일본 제국의회 귀족의원 역임) 등을 비롯한 종일매국노들은 물론 일제의 흉계를 알 수 없는 송병선(1836~1905년) 같은 순국지사들도 자주 삼천리 강토를 입에 올렸다. 특히 윤치호는 입에 달고 살다시피 했다.

고종황제는 국토를 '사천리'라 하는데 신하는 천리나 참절한 '삼천리'라 하다니. 윤치호가 얼마나 '삼천리'를 입에 달고 살았으면 '윤치호'와 '삼천리'가 「고종실록」 3회, 『승정원일기』 3회 모두 여섯 차례나 등장한다.

'사천리 금수강산'에서 천리나 국토를 참절한 '삼천리 강토' 그 추악한 변신의 대미를 장식한 것은 종일매국노의 선구자 격인 일진회장 이용구가 발표한 '일한 합방 성명서'(1909년 12월 4일)에서다.

윤치호가 1909년 11월 이토 히로부미 추도위원장을 역임할 무렵 그가 작사한 애국가 후렴 '무궁화 삼천리'가 인구에 널리 회자되기 시작할 무렵이었다.

3. 10리를 5km → 4km로 축소 조작한 일제

"나를 버리고 가시는 님은 십리도 못 가서 발병난다."
─「경기 아리랑」 1절

가장 보편적이고 사람들에게 잘 알려진 아리랑이다. 흔히들 대한민국 대표 민요「아리랑」을 문제 많은 '애국가'로 대체할 새 국가 후보가 1순위로 손꼽히고 있다.

여기서 10리는 몇 km일까? 4km쯤으로 알고 있다. 국민상식이다. 그럼 조선시대에 10리는 현재 몇 km인가?

현존하는 조선시대 후기 자의 길이를 mm 단위까지 측정 후 1리(里)로 환산하면 약 459m다(대한지리학회지 2018).[37]

---

[37] 김현종, 『大東地志』「程里考」에 기반한 조선후기의 1리(里) 대한지리학회지 제53권 제4호 2018(501~522쪽) 요약: 본 연구는 김정호가 저술한『대동지지』「정리고」를 바탕으로 조선후기 리(里)의 거리를 역사지리정보시스템(HGIS)을 이용해 계산하고 1리 거리를 통계적으로 분석했다.『대동지지』「정리고」는 모두 1,459개

현재 사용되고 있는 1리 거리는 대한제국 1905년(광무 9) 때 제정된 도량형 규칙에 의한 길이로 392.7m이다.(『고종실록』제45권, 고종 42년 3월 21일 2번째 기사 1905년 대한 광무(光武) 9년). 이는 일본이 1886년 미터법에 가입한 후 1891년 제정하고 1893년 시행한 도량형법(度量衡法)에 따라 길이 30.303cm인 곡척(曲尺)을 기준으로 한 것이다.[38]

1905년 이전의 우리나라 1리는 미터법으로 환산하면 얼마나 됐을까?

중국의 도량형을 도입하여 차용하였다. 고려시대까지 주로 주나라 1리를 약 300보(약 498m)를 차용하였다. 조선조에는 명청시대 1리 360보(약 567m)를 1리의 기준을 차용했다.

4. 중국 역대 1리 거리 변화

▲ 주(周)대 1里 = 300보= 300 × 8척 = 300 × 8 × 19.496cm =497.9m

▲ 당(唐)대 1里 = 360보= 360 × 5척 =360 × 5 × 29.591cm = 532.6m

▲ 명(明)대 1里 = 360보= 360 × 5척 = 360 × 5 × 32cm =

의 구간으로 구성되며, 이 중 경유지와 경로의 비정 정확도가 높은 1,244개를 연구대상으로 선정했다. 각 경유지와 경로는 노드링크(node-link)모델에 근거하여 공간정보 레이어로 구축하였다.『대동지지』「정리고」의 전체 리수는 24,620리이며 전체 거리는 약 11,289km이다. 전국의 1리 거리는 약 459m이다

[38] 小泉袈裟勝,『歴史の中の単位』, 総合科学出版,1974년

576m

　▲ 청(淸)대 1里＝ 360보＝ 360 × 5척 ＝ 360 × 5 × 32cm ＝
576m

　▲ 1929년 이후 현재 중국 1리＝500m

"지금 중국 조정(명 나라)[39]의 이수(里數)에 준하여 주척(周尺)을
사용하고, 6척(으로 1보를 삼고 매 3백 60보로 1리(里)를 삼는다."
　―『태종실록』제30권, 1415년 태종 15년 12월14일(정축)[40]

태종 임금이 1425년 정한 이수里數가 1905년 대한제국 고종황
제까지 거의 변함없이 계속되었다(조선왕조실록 78회 출현).

한국학중앙연구원이 펴낸『한국민족문화대백과사전』은 조선 후
기 1리 ＝ 주척 6척 × 60보 ＝ 주척 2,160척 ＝ 20.8cm × 2,160 ＝
449.3m라고 기술하고 있다.

그리고 2018년 김현종 한국학중앙연구원 박사의 "『대동지지(大
東地志)』「정리고(程里考)」에 기반한 조선후기의 1리(里)"〔대한지리학

---

[39] 里作为长度单位,《大戴礼记》："三百步为里",《度地论》说："三百弓为一里". 周
代制度六尺为步, 里是一百八十丈:唐以后五尺为步, 直至宋, 明, 里都是三百六十步,
也是等于一百八十丈. 清代规定里是长度系统中的单位, 它的长度也定为一百八十丈.
里作为地积单位,叫做平方里,到清代, 称为方里. 周代制度是一井等于一平方里, 合九
百亩;唐以后, 五尺为一步, 一平方里合五百四十亩. 一平方里同一亩的比较数, 清《数
理精蕴》就有"方里, 积五百四十亩"的记载.

[40] 『續大典』,工典, 橋路, 八道路程;『大典會通』, 工典, 橋路, 八道路 程;"팔도
의 도로는 주척을 사용하고, 1보는 6척, 1리는360보, 1식은 30리" 기준에 근거
에 계산했다.

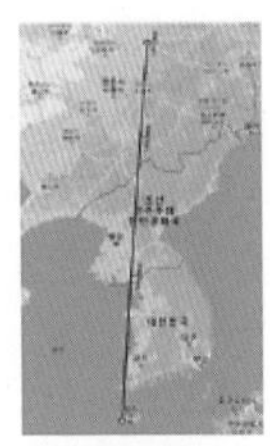

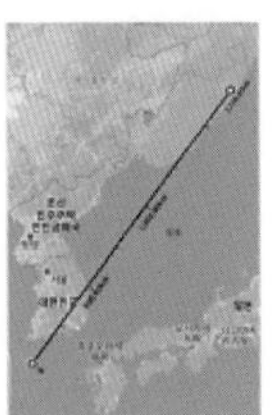

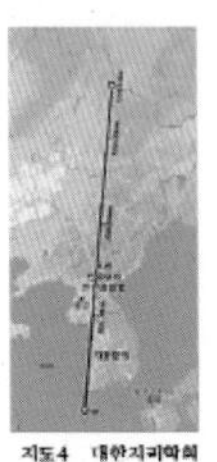

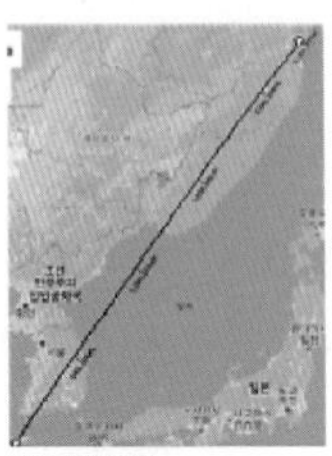

		1리 거리	3천리(일제가 축소한 대한영토)		4천리(구한말 여전 대한 영토)	
			남북 거리	북단 지점	남북거리	북단지점
1905년 이후 현재		392.7m (지도1)	1178㎞	중:吉林시 러:블라디보스토크	–	–
조선시대	대한지리학회 한국학중앙연구	459m (지도2)	1377㎞	중:하얼빈 러:아르세니예프	1836㎞ (지도4)	흑룡강성 黑河시, 러: 하바롯브스크
	조선왕조실록	576m (지도3)	1728㎞	중:치치하얼 러:바젬스키시	2304㎞ (지도5)	중: 최북단 溴河시 러: 하바주 북단울치스

회지 제53권 제4호 2018(501~522쪽)]는 조선후기 리(里)의 거리를 역사 지리정보시스템(HGIS)을 이용해 계산하고 1리 거리를 통계적으로 분석했다. 그 결과, 전국의 1리 거리는 약 459m라는 결론을 도출했다. 종전의 449.3m설을 보다 더 정확하게 산정한 것으로 학계에서 공인받고 있다.

구한말 이전 우리나라 10리 거리는 한국학중앙연구원과 대한 지리학회의 4.59km나 조선왕조실록의 5.67km나 현대의 10리 3.927km보다 훨씬 길다. 전자를 기준으로 15%, 후자를 기준으로 30%, 전자와 후자 1리 단위 중간치를 5km로 산정한다면 약 20%을 축소당했다.

즉 일제는 대한영토 사천리를 삼천리로 25% 축소한 것도 모자라 거기에서 다시 10리 거리 단위 5km를 4km로 다시 20% 축소, 대한 고유 영토의 40%를 축소해 버렸다.

5. 10리의 미터 환산

1905년 이후 현대까지: 3.927km((조선통감부 조선총독부)
1905년 이전 조선시대: 4.59km(대한지리학회 · 한국학중앙연구원)~5.67km(조선왕조실록)

사천리를 삼천리로 축소한 종일매국노는 무궁화 삼천리 애국가 작사자겸 무궁화 도입자 윤치호라면, 10리를 5km에서 4km로 축소한데 가장 큰 역할을 한 종일매국노는 누구일까?

이재완(李載完, 1855~1922년)으로 종일매국노의 대명사 이완용 백작보다 높은 작위 후작을 받은 친일인명사진 등재인물이다.[41]

이재완은 1897년(광무 원년)에 한성은행의 창립을 주관했다. 1902년 10월 10일, 이재완은 "도량형은 물건을 헤아리는 표준이고 모든 사람들이 그대로 믿는 것으로써 사민의 학문과 기술, 한 나라의 문명과 부강은 모두 이를 통하여 발전합니다. 지금 외국(일본)과 좋은 관계를 맺은 지가 여러 해가 되었고, 통상 무역이 나날이 더욱 많아지고 있습니다. 이런 때에 그 제도를 바로잡아서 외국(일본)의 것과

---

[41] 민족문제연구소, 『친일인명사전 3』, 109-111쪽

대략 같게 만들지 않으면 상업 권위와 공적인 이익에 대해 피해를 예측할 수 없을 것입니다."라고 하여 윤허를 받았다. 1902년(고종 39년) 10월 10일 「고종실록」에 나와 있다.

이재완은 1903년 3월 경의철도 부설권을 획득하기 위해 일본 정부의 밀명을 받은 일본공사관 소속 무관과 밀의해 경의철도 부설에 관한 각서를 교환했다. 일본공사 하야시 곤스케의 추천으로 대한철도회사 사장에 임명되었고, 영남지역의 철도 지선도 일본이 부설할 수 있도록 권리를 넘겼다.

이재완은 1905년(광무 9년) 1월에 보빙대사(報聘大使)로서 일본에 파견되었다가 2월에 귀국하였다. 3월 21일 드디어 도량형법을 비준해 반포하게끔 하였다.

이재완은 1910년 10월 2일에 대한제국과 일본 제국 사이에 '한일 병합 조약'이 체결되며 일본 황실령 제14호 '조선귀족령(朝鮮貴族令)'이 공포되면서 일본 정부로부터 후작에 봉작됐고, 은사공채 33만 엔을 하사받았다.

6. 일제가 대한 영토를 2중 축소 조작한 까닭은

일제가 10리 거리 단위마저 원래의 4.59~5.76km에서 3.93km로 단축한 까닭은 무엇일까?

일제는 1876년 불평등조약인 강화도조약을 체결한 이후 윤치호 등 종일매국노를 통해 대한영토 삼천리로 날조 유포하고 '무궁화 삼천리' 애국가 후렴으로 반복 주입시켜 한국민의 영토관을 사천리를 삼천리로 축소하는데 어느 정도 성공했다.

그러나 축소 날조된 삼천리조차도 기존의 거리단위 10리를 4.59~5.67km로 측정할 경우 가깝게는 만주의 흑룡강성 중심도시 하얼빈, 멀게는 흑룡강성 북부의 치치하얼까지 여전히 한국영토로 속하게 되는 난관에 직면했다.

그리하여 일제는 이런 모략을 획책하여 종일매국노 이재완등을 시켜 기존의 10리 거리마저 일본도량형법기준을 도입하여 4km 축소해 버린 것이다.

이렇게 일제는 사천리에서 삼천리로 축소, 거리단위마저 5km에서 4km로 축소, 2중의 축소 조작을 통해 대한의 영토관에서 만주를 완전히 분리해내어 한민족의 시공을 한반도내로 축소해내는 데 성공했다.

이 대목에서 우리는 언제나 일본제국주의자와 종일매국노만을 탓하는데 어찌 그들만의 잘못인가? 일제보다 10배 나쁜 자들은 옛 종일매국노이고 그들보다 100배 나쁘거나 멍청한 자들은 현재 대한민국 위정자와 우리 국민들이다. 네 탓이나 그들 탓이 아닌 내 탓이자 우리 탓이다.

15.
윤관이 산성을 쌓은 공험진은
흑룡강성 학북진

1. 천년의 의문, 공험진은 어디인가?

공험진은 어디인가? 세종대왕을 비롯한 우리나라 역사 지리상 최고(最古, 最高), 최장, 최대 의문부호이자 대한영토 남북 사천리(4000리)의 북방 경계의 위치를 푸는 최종 열쇠다.

공험진에 산성을 쌓았다는 기록은 『고려사』에 11회, 『고려사절요』에 3회, 『조선왕조실록』 17회나 등장한다.

• 공험진은 1108년(예종 3년)에 성을 쌓아 진을 설치하고 방어사

헤이룽장성 허강시(鶴岗市) 서부 교외 야주링(野猪峪)남쪽 기슭에 최근 옛 성터 (고대 산악도시)가 발견되었으나 중국 당국은 연혁을 공개하지 않고 접근을 금지 하고 있다.

로 삼았다. 1111년(예종 6년)에 산성을 쌓았다.

　　―『고려사』 표 예종 권표 제1

　• 공험진에 방어사·부사·판관을 두었다. 또 함주 및 공험진에 성 을 쌓았다.

　　―『고려사절요』 1108년(예종 3년) 2월

　• 윤관이 북계에 여러 성을 쌓고 남계의 백성들을 옮겨서 이를 채웠다. 공험진·통태진·평융진3진에는 각각 5천 호를 두었다. 중성 을 함주에 쌓고 산성을 공험진에 쌓았다.

　　―『조선왕조실록』「세종실록 지리지」 함길도 길주목 경원도호부

2. 헤이룽장성에는 연혁을 밝히지 않는 4개소의 산성이 있다

1996년 헤이룽장성 허강시(鶴崗市) 서부 교외 야저령(野猪岭, 멧돼지령)에 옛 산악도시가 발견됐다.

허강시 건설위원회 역사 기록실 편집자들에 따르면 야저령능선 남쪽의 양지바른 경사면에 발견된 고대 산악도시는 타원형으로 둘레는 450m의 산성이 둘러싸였다. 산성의 길이는 남북으로 210m, 폭은 동서로 80m다. 27개의 토굴이 발견되었으며 직경 6m의 토굴 2개를 제외하고 나머지는 사람이 거주한 흔적이 있다고 발표했다.[42] 그런데 중국당국은 이 옛 산악도시에 대하여 더 이상의 자세한 내용을 밝히지 않고 있다.

2008년 7년 허강시 중심지 동쪽에 인접한 뤄베이(萝北)현 허베이(鶴北)진 북쪽산 부근에 옛성터를 발견했으나 이 역시 자세한 내용을 공개하지 않고 있다.[43]

뤄베이현 중심지에는 이주 경로와 정착 시점을 알 수 없는 약 5000여명의 조선족이 집거지 동명(东明) 조선족향(朝鮮族乡)이 있다.

허강시 남쪽에 인접한 송화강 변의 중대형도시 쟈무스(佳木斯)시는 약 2만5000여명의 조선족이 거주하고 있다. 화촨현과 탕원현에도 역시 이주경로와 정착 시점을 알수 없는 조선족 집거지 두 곳이

---

[42]　尤凡若, 鶴崗市西郊野猪岭发现古山城《北方文物》1997년 제2기

[43]　韩世明 邓树平 黑龙江省萝北县共青农场七连北山古山城遗址调查简报 ,《边疆考古研究》2011年 第1期 | 吉林大学文学院历史系 黑龙江流域博物馆

있다. 쟈무스시의 남쪽 스펑산(四豊山)산성 유적과 서쪽 교외 난청
즈(南城子)옛 산성도 쟈무스시가 자랑하는 명승고적이지만 이 두 산
성의 상세한 연혁 역시 베일에 둘러쌓여 있다.

허강시 2개소 쟈무스시 2개소 헤이룽장성 관내 4개소 산성의 이
력서는 블라인드 처리돼 있다. 자국의 유구한 역사에 대해 세세한
설명을 하며 자랑하기 좋아하는 중국 관방학계의 평소 행태에 비추
어 볼 때 이는 매우 이례적이다.

3. 공험진을 제일 많이 언급한 임금은 세종대왕

공험진을 제일 많이 언급한 임금은 세종대왕이다. 조선왕조실록
에 10회, 재위 32년간 총편집장 역할을 한 『고려사』 11회를 합하면
총 21회나 언급했다. 지면관계상 3회만 간략히 소개한다.

근정전에 나아가 회시에 입격한 유생 남수문 등에게 책문하다.
왜국(倭國)이 와서 복종하여 조정과 민간이 승평(昇平)하며, 백성
이 편안하고 물질이 풍성한 지 대개 40년이 되었다. 나는 큰 공적을
계승하여 이른 아침부터 밤늦게까지 공경하고 두려워하여 감히 편
안하지 못하고, 장구하게 다스려지고 오래도록 편안할 도리에 이르
기를 기대했는데, 함길도 경원(慶源)의 일만은 의논할 만한 것이 있
다. 공험진(公嶮鎭) 이남은 나라의 옛날 봉강(封疆)이니, 마땅히 군
민을 두어서 강역을 지켜야 될 것이라. ─『세종실록』 1426년(세종 8
년) 4월 11일

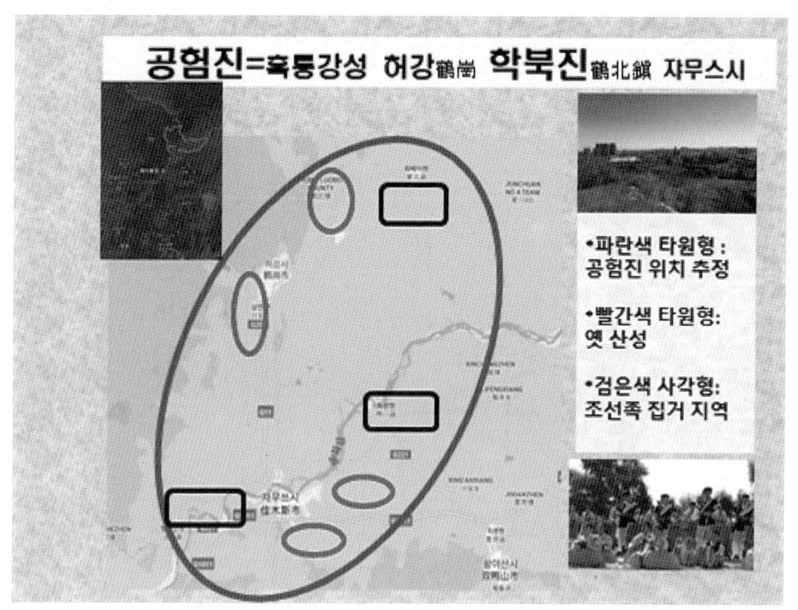

임금이 여러 신하에게 지금 길주가 예전 길주와 같은가를 아뢸 것을 말하다.

임금이 여러 신하들에게 이르기를, "고려의 윤관은 17만 군사를 거느리고 여진을 소탕하여 주진을 개척해 두었으므로, 여진이 지금까지 모두 우리 나라의 위엄을 칭찬하니, 그 공이 진실로 적지 아니하다. 관이 주를 설치할 적에 길주(吉州)가 있었는데, 지금 길주가 예전 길주와 같은가. 고황제(高皇帝; 명태조 주원장)가 조선 지도를 보고 조서하기를, '공험진 이남은 조선의 경계라.'고 하였으니, 경들이 참고하여 아뢰라."고 하였다.

— 『세종실록』 1433년(세종 15년) 3월 20일

김종서에게 공험진의 위치·비 등 동복지방에 대해 아뢰라고 전지하다.

함길도 도절제사 김종서(金宗瑞)에게 전지하기를, "동북 지경은 공험진(公嶮鎭)으로 경계를 삼았다는 것은 말을 전하여 온 지가 오래다. 그러나 정확하게 어느 곳에 있는지 알지 못한다. 본국의 땅을 상고하여 보면 본진이 장백산 북록에 있다 하나, 역시 허실을 알지 못한다."고 하였다.

『고려사』에 이르기를, '윤관이 공험진(公嶮鎭)에 비를 세워 경계를 삼았다.'고 하였다. 지금 듣건대 선춘점에 윤관이 세운 비가 있다 하는데, 본진이 선춘점의 어느 쪽에 있는가. 그 비문을 사람을 시켜 찾아볼 수 있겠는가. 그 비가 지금은 어떠한지. 만일 길이 막히어 사람을 시키기가 용이하지 않다면, 폐단없이 탐지할 방법을 경이 익히 생각하여 아뢰라. 또 듣건대 강밖에 옛 성이 많이 있다는데, 그 고성에 비갈(碑碣)이 있지 않을까. 만일 비문이 있다면 또한 사람을 시켜 등서할 수 있는지 없는지 아울러 아뢰라. 또 윤관이 여진을 쫓고 9성을 설치하였는데, 그 성(城)이 지금 어느 성이며, 공험진의 어느 쪽에 있는가. 상거(相距)는 얼마나 되는가. 듣고 본 것을 아울러 써서 아뢰라."고 하였다.

— 1439년(세종 21년) 8월 6일

4. 공험진 선행 연구자들, 10리를 4km로 잘못 계산

김종서(고려사 편집부 책임자격)는 세종대왕의 의문에 대해 세종실록지리지 편으로 답한다.

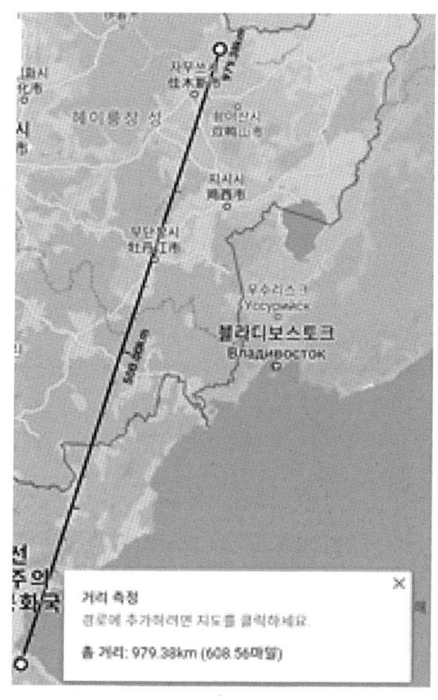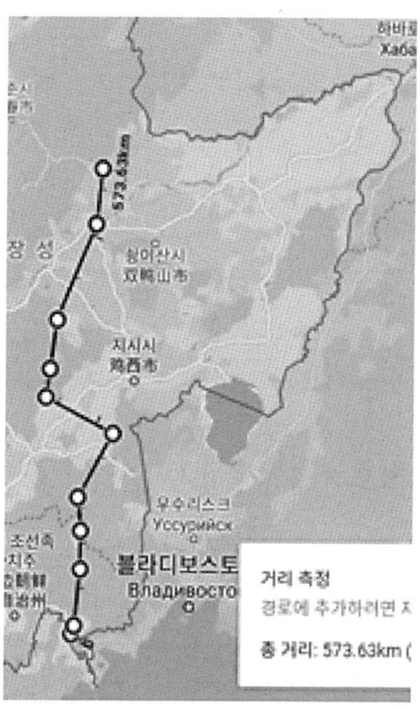

[왼쪽] 철령←공험진(북학진) 1700리(979km) 세종지리지 함길도(대강).
[오른쪽] 회질가탄(시웨이즈)탄→ 거양성(동닝시)→선춘현(라오예령)→오동사오
리참(샤오우참)→공험진(북학진) 세종지리지 함길도 길주 경원도호부(상세)

필자는 세종실록지리지 등 한중양국 정사를 온고지신하고 현대
의 구글 지도를 따라 하나하나 현재의 지명으로 비정해 보겠다.

일제 강점기 일본학자 이케우치 히로시 등은 세종실록 지리지편
을 9성 위치를 현재 함경북도 길주 이남의 함흥평야 일대라고 왜
곡했다. 고려의 북쪽경계 공험진의 위치에 관한 선행연구를 검토
해 보다가 모든 전문가 석학 대가들께서 1리(고려 조선시대 576m)를
1905년 일제가 축소조작한 4km(393m)로 산정하고 있다.[44] 이를테

---

[44]　*중국 역대 1리 거리 변화

*주(周)대 1里 = 300보= 300 × 8척 = 300 × 8 × 19.496cm = 497.9m

면 두만강 북쪽 250리는 144km이나 98km로 축소했다.

'세종실록지리지'에 서술된 공험진은 지금 옌지시, 선춘령은 왕
칭현이 유력하다고 설명했다.
　　－ 이상태 한국영토학회 부회장[45]

5. 세종실록지리지를 내비게이션 삼아 공험진을 찾아

함길도의 남쪽은 철령으로부터, 북쪽은 공험진(公險鎭)에 이르기
까지 1700여 리이다.
　　－ 세종실록지리지 함길도

세종시대 1리는 576미터로서 1700리는 약 980km이다. 철령에서
북쪽으로 1700리 980km를 떨어진 곳은 놀랍게도 중국 당국이 비
밀에 붙이고 있는 옛 산성 밀집지 허강시 일대와 정확히 일치한다.

세종실록지리지 함길도 길주목 경원도호부 편에는 마치 네비게
이션처럼 공험진으로 가는 경로와 거리가 소상히 기재되어 있다.

---

*당(唐)대 1里 = 360보 = 360 × 5척 = 360 × 5 × 29.591cm = 532.6m
*명(明)대 1里 = 360보 = 360 × 5척 = 360 × 5 × 32cm = 576m
*청(淸)대 1里 = 360보 = 360 × 5척 = 360 × 5 × 32cm = 576m
*1929년 이후 현재 중국 1리 = 500m(『续文献通考』「乐·度量衡」 조선시대 중기까
지 1리는 명청시대 1리와 같은 576m. ※참조 〔강효백의 新 아방강역고-3〕 일제가 10리를 4km
로 축소 조작한 까닭
45　　이상태 한국영토학회 부회장 "만주 동북지역은 우리 영토였다". 서울경제
2015년 9월 14일 37면

허강시 일대가 정확한가 이를 다시 더 미시적으로 세밀히 파악 교차 확인해보기로 한다.

동림성(東林城)에서 북쪽으로 5리쯤 가면 소다로의 영기(營基)가 있고, 그 북쪽으로 30리에 회질가탄(會叱家灘)이 있으니, 바로 두만강의 하류이다. 강을 건너 10리 되는 넓은 들 가운데에 큰 성이 있으니, 곧 현성(縣城)이다. 안에 6개의 우물이 있다. 그 북쪽으로 90리 되는 곳의 산상에 옛 석성(石城)이 있으니, 이름이 '어라손참(於羅孫站)'이다. 그 북쪽으로 30리에 허을손참(虛乙孫站)이 있고, 그 북쪽으로 60리에 유선참(留善站)이 있으며, 그 동북쪽으로 70리에 토성기(土城基)가 있으니, 곧 거양성(巨陽城)이다.

안에 돌기둥 둘이 있으니, 예전에 종을 달던 곳이다. 종의 높이가 3척, 지름이 4척이 넘었었다. 일찍이 경원 사람인 유성(庾誠)이란 자가 그 성에 가서 그 종을 부수어서 말 9마리에 싣고 왔는데, 겨우 10분의 1에 지나지 않았었고, 따라갔던 사람 30여 명이 모두 죽었다. 그 나머지 쇠붙이는 풀숲 가운데 버려져 있었으나, 누가 감히 가져가지 못하고 있다. 그 성은 본래 고려 대장 윤관(尹瓘)이 쌓은 것이다. 거양에서 서쪽으로 60리를 가면 선춘현(先春峴)이니, 곧 윤관이 비를 세운 곳이다. 그 비의 4면에 글이 새겨져 있었으나 호인(胡人)이 그 글자를 깎아 버렸는데, 뒤에 사람들이 그 밑을 팠더니 '고려지경(高麗之境)'이라는 4자가 있었다. 선춘현에서 수빈강(愁濱江)을 건너면 옛 성터가 있고, 소다로에서 북쪽으로 30리를 가면 어두하현이 있으며, 그 북쪽으로 60리에 동건리(童巾里)가 있고, 그 북쪽으로 90리를 가면 오동 사오리참(吾童沙吾里站)이 있으며, 그 북쪽으로 60리에 하이두은(河伊豆隱)이 있고, 그 북쪽으로 1백 리에 영가 사오리참(英哥沙吾里站)이 있으며, 그 북쪽으로 소하강(蘇下江) 가에 공험진(公險鎭)이 있으니, 곧 윤관이 설치한 진(鎭)이다.

6. 공험진은 흑룡강성 학강시 학북진

필자는 위 세종실록지리지 함길도 길주목 경원도호부의 공험진을 찾아가는 상세기록을 내비게이션 삼아 구글 지도상의 현대 지명과 거리를 하나하나 대조해 가며 북진해 보았다.

두만강 하구 회질가탄(시웨이즈, 西葳子) 사주(沙州)를 건너

→ 북10리 5.8km 현성(훈춘 琿春)

→ 북90리 52km 어라손참(푸싱전 復興鎭)

→ 북30리 17km 허을손참(뤄즈고우진 羅子溝鎭)

→ 북60리 35km 유선참(동광진東光鎭)

→ 동북 70리 40km 거양성(동닝東寧시)

→ 서60리 35km 선춘령(라오예老爺령 철령(鐵嶺)진 부근)

→ 서쪽으로 수빈강(무단장牧丹江[46]; 수빈하绥滨河)을 건너면

→ 옛 성터(하이린시海林市인근; 허난조선족향)

→ 북30리 17km 어두하현(츠하紫河진)

→ 북60리 35km 동건리(구청古城진)

---

[46]　흑룡강성 목단강시는 세종시대 함길도 길주목 경원도호부 관할(세종실록지리지), 송화강의 최대지류 목단강(상류: 이도백하, 옛 명칭 수빈강)의 원류는 백두산 목단봉 牡丹江发源于长白山脉白头山之北的牡丹岭

→ 북 90리 52km 오동사오리참(샤오우참(小五站))

→ 북60 35km하이두은(차오양朝陽촌 살구나무杏樹조선족향)

→ 북100리 58km 영가사오리참(스마자四馬架참)

→ 소하강(송흐장松花江)가에 공험진(허강鶴崗시, 허베이진鶴北鎭)

상술한 바와 같이 역사학과 지리학 고고학을 각각 가로 세로 높이로 삼은 입체적 동태적 분석결과 공험진은 흑룡강성 학강시 학북진으로 비정한다.

첨언하건대 아래 중국 정사『금사(金史)』의 관련 기록으로 필자의 비정을 교차 재확인하고자 한다.

요나라 황제가 말하길, 고려의 북쪽 경계는 용천에 달했고 서쪽 경계는 압록에 달했다(北抵龍泉, 西極鴨綠) 고려는 사람을 보내어 그들을 살해하고 갈라전(曷懶甸)으로 출병시켜 9성을 쌓았다.
  ―『금사』135권 열전 73, 외국하 고려전

용천은 단 한 군데 송화강 발해 상경 용천부로 학강시 일대와 인접하고 있다.

갈라전은 윤관이 9성을 설치할 때 금의 아골타와 쟁탈전을 벌였던 지역이다. 갈라전은 만주의 동부지역 일대의 송화강(별명: 혼동강, 소하강) 유역과 목단강(牧丹江, 상류: 수빈하) 학강시를 포괄한 연해주까지 이르는 광활한 지역을 가리킨다.

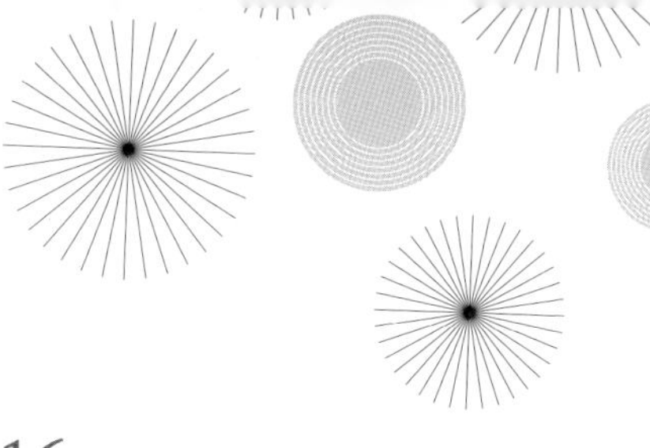

16.
왜곡 조작의 끝판왕,
일본의 왜구와 원구

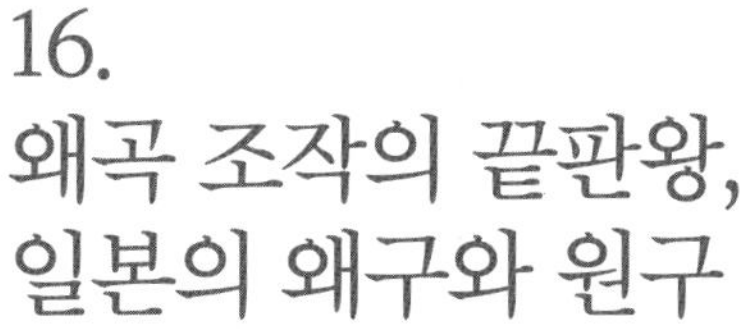

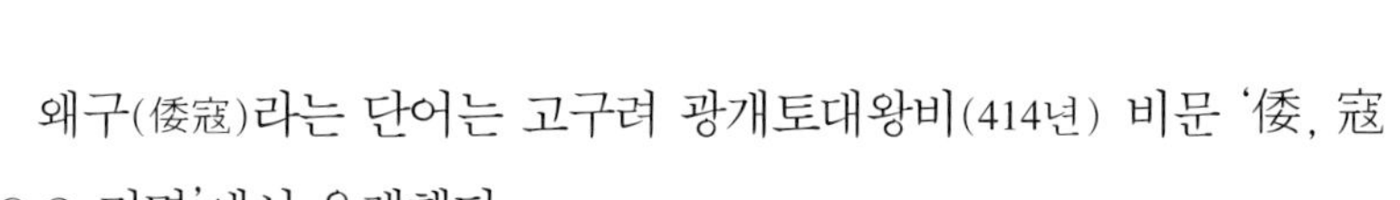

왜구(倭寇)라는 단어는 고구려 광개토대왕비(414년) 비문 '倭, 寇
○○ 지명'에서 유래했다.

399년 왜(倭)가 신라를 공격하여 금성(경주)을 침략했다. 신라는
광개토대왕에게 사신을 보내 구원을 청했다. 광개토왕은 400년 신
라에 5만 대군을 파견하여 왜군을 물리쳤다. 이때 왜군은 금관가야
종발성(부산 동래구정)까지 퇴각하였고, 고구려군은 금관가야 지역까
지 쫓아가 왜군을 격퇴시켰다. 고구려는 낙동강 하류의 동쪽 지역
인 종발성에 신라인을 관리자로 배치하고 성을 지키게 했다. 고구
려군은 백여 년 동안 신라 땅에 머물려 신라에 영향력을 행사했고,
신라는 고구려에게 조공하는 보호국이 되었고 제후국인 신라로 하
여금 더는 왜가 발호하지 않게 조치했다.

한·중 양국에 왜구는 일본 침략자를 가리키는 고유명사로 사용됐다. 16세기 이후 임진왜란과 20세기 중·일 전쟁에서 한·중 양국 국민은 일본침략군을 왜구 또는 일구(日寇)라고 불렀다.

왜구의 주된 약탈물은 식량이었으며 지방에서 조세를 거두어 개성과 한양으로 올라가는 공선 등이 피해를 가장 많이 입었다. 그 규모는 100척에서 500척까지 이르는 선단을 이루어 연안 마을을 습격하는 형태였으나, 때로는 내륙 깊숙이 들어오기도 하였다. 1223년부터 1392년까지 169년간 총 529차례 침입이 있었고, 조선왕조실록에도 왜구침구 기사가 312건이 나온다

그런데 문제는 왜구에 대한 일본 특유의 왜곡조작 기승전결(起承轉結), 즉 무중생유-본말전도-침소봉대-적반하장의 극명한 전개과정이다.

1. 기(起, 무중생유[47]): 왜구의 7할은 고려 천민과 중국 해적

'왜곡의 달인' 일본의 기승전결은 왜구의 구성성분, 즉 사람에 대한 왜곡부터 시작한다. 다음은 왜구에 대한 후쇼샤(扶桑社)비롯 일본 중학교 교과서들의 왜구에 대한 정의다.

"왜구는 13세기 후반 한반도와 중국 연안에 출몰한 해적 집단으로 고려인도 많이 포함되었다. 16세기 중반 다시 왜구가 활발하게 되었지만, 그 구성원은 대부분 중국인이었다. 전기 왜구는 한국인

---

47 무중생유(無中生有) : 무에서 유를 만들어 낸 거짓으로 사람을 만든다

중심 후기 왜구는 중국인이 대부분이 왜구중 일본인은 3명이며 나머지 7명은 한국인과 중국인이다."[48]

다나카 다케오(田中健夫, 1923~2009) 도쿄대 교수는 왜구의 대다수는 한국인과 중국인이었지 일본인은 극소수라고 주장한다. 13세기 왜구는 큐슈와 대마도를 본거지로 한 고려인이고 후기 왜구는 명 나라의 해금(海禁)정책 때문에 말레이시아·인도네시아 등으로 이주한 푸젠성과 저장성의 중국인이다. 그런데 한·중 양국은 왜구가 외환 아닌 내우임에도 은폐하고 반일감정을 조장하고 그것을 지렛대로 삼아 국가체제를 유지해왔다.

다나카 가케오 교수의 수자제인 무라이쇼스케(村井章介, 1949~) 도쿄대 교수는 당시 국가 개념이 명확하지 않은 일본의 큐슈와 한반도 연안, 중국 연안 등 환동중국해의 천민들이라고 주장했다. 왜구는 일본인이 아니며 왜구는 한중일의 천민집단 내지 주변이라는 초점 흐리기 물타기 신공을 펼치고 있다.

2. 승(承, 본말전도[49]): '왜구'는 '원구'에 대한 보복이다

일본은 고려와 몽골의 여몽연합 일본정벌군(1274년, 1281년)을 원구(元寇)[50]라고 부른다. 일본 각급 교과서는 왜구 중에 3할 가량의

---

[48] 歷史教育研究会(日本)編,『日韓交流の歴史』
[49] 본말전도(本末顛倒); 원인과 결과 순서의 처음과 끝이 뒤바뀌다.
[50] 일본 측에서 해당 사건을 가리켜 부르는 원구(元寇)라는 용어는 흔히 에도시대에 도쿠가와 미쓰쿠니 등이 편찬한 대일본사에서 처음으로 등장한 이래 18

후쿠오카의 하코자카키(筥崎宮)신궁에 세워진 조선침략과 청일전쟁 준비중 1892년 원구(元寇) 가곡비. 원나라와 고려에 복수하겠다는 명분 – 청일전쟁 준비 시기 1892년 작 애국가(1893년 11월 윤치호 작사, 1896년 첫 연주, 1907년 작사한 거로 공식) 가사와 흡사하고 곡도 애국가처럼 약강약강 못 갖춘 마디이다.

일본인은 한반도와 중국 남부와의 무역으로 생계를 유지하던 대마도·이키섬 주민과 규슈 주민들로, 이들이 고려와 원 나라의 연합군(元寇)의 일본 열도 침략(1274년 및 1281년) 이후 경제 기반을 잃어 생계를 위해 밀무역을 했던 것이 왜구의 시초라고 적고 있다. 그야말로 본말전도 적반하장 왜곡조작의 끝판왕이다.

여몽연합군(원구) 1274년 이전에도 왜구는 창궐했다. "1223년 5월(음) 왜구가 금주(김해)를 노략질하다(倭寇金州)" 등 「고려사절요」에만 8차례나 명기하고 있다.

세기 長村鑑의 『몽고구기』(蒙古寇紀), 오미야야마 마사히데(小宮山昌秀)의 『원구시말』(元寇始末), 19세기의 大橋訥庵의 『원구기략』(元寇紀略) 등 한국이나 중국의 왜구에서와 같은 「구」(寇)를 사서가 등장해, 해당 사건을 가리키는 일반적인 용어로 굳어 갔다

3. 전(轉, 침소봉대[51]): 원 나라의 일본 침략은 고려가 주도했다

일본은 기마민족인 몽골족 원 나라는 일본에 관심이 애당초 없었는데 고려가 부추겼다고 쓰고 있다.

당시 1259년 8월, 몽골로 향하던 고려의 태자(원종)가 이후 새롭게 칸이 될 쿠빌라이를 만나 강화(講和)를 논의하면서 전쟁은 막을 내리게 된다. 귀국한 태자는 7월에 승하한 고종의 뒤를 이어 왕위에 올라 원종(元宗)이 되었다. 원종은 개경으로 환도하지 않고 강화도에 머물렀다.
 ― 원종 7년 1266년 12월 22일(고려사)

일본은 고려의 이웃 나라인데 제도나 법률에 찬양할 만한 것이 있고 한 나라와 당 나라 때부터 중국과 통했으니 원 나라 황제는 일본에 사신을 보내라고 종용했다.
 다시 원종은 원 나라의 제1차 여몽연합군 일본정벌 1274년 2년 전에 다음과 같은 국서를 보낸다.

일본은 성스러운 원 나라의 덕화를 입지 못하였으므로, 조서를 휴대한 사신을 보내고 계속 군대의 위용을 떨쳐야 하기에 모름지기 전함과 군량이 있어야 합니다. 그 일을 저에게 맡긴다면 마음과 힘을 다하여 미력이나마 황제의 군대를 돕겠습니다.
 ―『고려사』1272년(원종 13년) 3월 11일

---

51 침소봉대(針小棒大): 소수의 사례를 전체의 상황인 것처럼 확대 해석하라.

여몽연합군의 1차 일본정벌이 실패로 끝난 4년 후이자, 2차 일본정벌 3년 전인 1278년 원종의 아들 충렬왕은 원 나라 세조 쿠빌라이에게 제2차 일본정벌을 부추기는 국사를 보냈다.

"고려 국왕이 150척의 군선을 만들었으니 일본 정벌을 돕겠다(高麗国王, 請自造船一百五十艘, 助征日本)"
　ー『원사(元史)』12권 본기12 1278년(지원 19년)

일본의 번역판 「징비록」[52]에도 "임진왜란의 원인은 옛날 고려가 원래 군사를 이끌고 일본을 공격한 데 대한 보복이다."고 적고 있다. 일본은 이상의 사료들을 원 나라의 세계정벌 야욕과 조공을 바치라는 원 나라의 사신을 사형시킨 데 대한 보복 침소봉대(針小棒大) 왜곡하고 있다.

4. 결(結, 적반하장[53])): 임진왜란, 청일전쟁, 한국 병탄, 중국 침략은 원구에 대한 보복

일본은 원구는 궁극적으로는 가마쿠라 막부 멸망의 가장 큰 원인이 되었다고 한다. 한국과 중국의 일본 침략에 대한 위기감과 복수심을 조장했다. 정토교를 중심으로 호국불교가 국토 수호의 존재의의를 포교했다. 각지의 신토의 신사와 불교의 사찰에는 한반도를 정복했다는 진구황후과 삼한정벌을 부각하고 일본의 우월성을 강

---

[52]　柳成龍『懲毖録』朴鐘鳴訳, 平凡社東洋文庫, 1979년, 40-43쪽
[53]　적반하장: 도둑이 오히려 몽둥이를 잡고 주인 노릇을 한다.

조했다. 외국 특히 원구에서 중요한 역할을 '고려'가 존재하는 한반도는 정벌되어야 하는 악마의 땅으로 자리 매김했다.[54]

1350년부터 1590년 임진왜란 전야까지 매년 평균 2회 이상씩 지속된 한반도와 중국에 대한 왜구침략에 활용됐다. 도요토미 히데요시(豊臣秀吉)의 임진왜란 원구는 고려가 원에 의뢰해서 일어난 것이기 때문에 도요토미 히데요시의 임진왜란은 정당한 보복이다.

정한론의 대표인물 사이고 다카모리(西鄉隆盛, 1827~1877)도 원구에 대한 보복으로 한국정벌을 외쳤고 현재 일본 최고액권 1만엔권의 주인공 후쿠자와 유키지(福沢諭吉, 1835~1901년)도 원구에 대한 보복을 외쳤다.

"우리 일본은 동양의 선구자이자 우두머리로서 지나와 조선을 유도하고, 이들 원구들이 말을 듣지 않으면 무력으로 협박하는 것이 필요하다" 1883년 1월

1892년 청일전쟁 2년전 현재 일본의 모든 애국가류 군가류 전시가요의 원조『원구』를 제작 유포했다. "오만무례한 것놈들 떨쳐 나가서 충의로 단련된 내 실력 이제야 나라를 위해 일본도를 시험해보자."

일본은 왜구의 대부분은 한국인과 중국인이고 왜구 발생의 원인

---

[54] 外国とりわけ元寇で主要な役割を果たした高麗が存在した朝鮮半島は征伐される悪人の地として位置付けられた)陸上自衛隊福岡修親会『元寇--本土防衛戦史』, p.181.

은 원구의 일본정벌이고 원 나라의 일본침략은 고려가 부추켰으니 원구의 주류는 고려이다.

연이어 왜구의 400여년 한반도와 중국대륙 전역 침략의 400여년 간 지속된 국지전, 임진왜란과 청일전쟁, 한국병탄, 만주사변 중일전쟁의 전면침략전쟁은 모두 '고려의 일본 침략'에 대한 복수전이라는 아주 고약한 궤변이다.

즉 이러한 무중생유, 본말전도, 침소봉대, 적반하장을 총동원 왜곡 조작한 일본의 한반도 지배와 대륙침략의 이론적 근거는 고려를 중심으로 한 원구에 대한 보복이다.

이는 나아가 일제와 식민사관의 후예 현생 종일매국 언·관·학이 『고려사』를 비롯 『고려사절요』, 『동국통감』 등 '고려'의 역사를 기록한 조선3대관찬사서를 지방문화재 이하로 처박아 두는 동서고금 그 유례를 찾기 어려운 자기역사 부정 자기조상 모독 집단패륜범행의 핵심동기라고 통찰 분석한다.

<한국사상 최초 왜구 침략사 연월일별 공개>
임진왜란전 1223～1598년 392년간 왜구의 한반도 침략 총765회 (고려사절요, 조선왕조실록 기록에서만)가 매년 평균 2회씩 침략 기록
종일매국 언관학 현행범들이 국민을 극우일본이 임가공한 위서 (환단고기)로 관심 돌리게 하는 대신 조선 3대관찬 정사 『고려사절요』를 경기지방문화재 245호로 처박아 놓은 핵심 이유와 그 증거, 왜구 침략 기록 302회를 전수공개하겠다.

1 고려사절요 권15 1223년 5월(음) 왜구가 금주를 노략질하다

2 고려사절요 권15 1226년 1월(음) 진용갑이 경상도를 침략한 왜적을 물리치다

3 고려사절요 권15 1226년 6월(음) 왜구가 금주를 침략하다

4 고려사절요 권15 1227년 4월(음) 노단이 금주를 침략한 왜구를 물리치다

5 고려사절요 권15 1227년 5월(음) 정금억 등이 웅신현을 침략한 왜구를 물리치다

6 고려사절요 권17 1251년 11월(음) 금주에 성을 쌓다

7 고려사절요 권18 1263년 2월(음) 왜구가 물도와 공선을 약탈하다

8 고려사절요 권18 1265년 7월(음) 왜구가 남해안을 노략질하다

9 고려사절요 권26 1350년 2월(음) 왜구의 침구가 시작되다

10 고려사절요 권26 1350년 4월(음) 왜구가 순천부 등을 노략질하다

11 고려사절요 권26 1350년 5월(음) 왜구가 순천부를 노략질하다

12 고려사절요 권26 1350년 6월(음) 왜구가 합포 등을 노략질하다

13 고려사절요 권26 1350년 11월(음) 왜구가 동래군을 노략질하다

14 고려사절요 권26 1351년 8월(음) 왜구가 자연도와 남양부 등에 침구하다

15 고려사절요 권26 1351년 11월(음) 왜구가 남해현을 노략질하다

16 고려사절요 권26 1352년 3월(음) 김휘남이 왜구를 방어하다

17 고려사절요 권26 1352년 3월(음) 왜구가 파음도를 침구하다

18 고려사절요 권26 1352년 3월(음) 서주방호소에서 왜구를 격파하다

19 고려사절요 권26 1352년 3월(음) 왜구가 개경 인근에 육박하다

20 고려사절요 권26 1352년 3월(음) 교동에서 왜구와 전투가 벌어지다

21 고려사절요 권26 1352년 6월(음) 왜구가 전라도를 노략질하다

22 고려사절요 권26 1352년 6월(음) 왜구가 강릉도를 노략질하다

23 고려사절요 권26 1352년 9월(음) 왜구가 합포를 노략질하다

24 고려사절요 권26 1354년 4월(음) 왜구가 전라도 조운선을 습격하다

25 고려사절요 권26 1354년 11월(음) 신중전이 왜구 머리를 바치다

26 고려사절요 권26 1355년 4월(음) 왜구가 전라도 조운선을 습격하다

27 고려사절요 권26 1357년 5월(음) 왜구가 교동을 노략질하다

28 고려사절요 권26 1357년 9월(음) 왜구가 충선왕과 한국공주의 어진을 약탈하다

29 고려사절요 권26 1357년 9월(윤) 왜구와 싸우지 않은 이운목 등을 하옥하다

30 고려사절요 권27 1358년 3월(음) 왜구가 각산수를 노략질하다

31 고려사절요 권27 1358년 4월(음) 왜구 방어 태세를 강화하다

32 고려사절요 권27 1358년 4월(음) 연해 창고를 내지로 옮기다

33 고려사절요 권27 1358년 4월(음) 왜구가 면주와 용성을 침략하다

34 고려사절요 권27 1358년 4월(음) 왜구가 교동에 침입하니 계엄을 내리다

35 고려사절요 권27 1358년 7월(음) 왜구가 전라도 조운선을 불태우다

36 고려사절요 권27 1358년 8월(음) 왜구가 인주를 노략질하다

37 고려사절요 권27 1359년 2월(음) 왜구가 장흥부 등을 노략질하다

38 고려사절요 권27 1359년 5월(음) 왜구가 예성강을 노략질하다

39 고려사절요 권27 1359년 5월(음) 김횡이 왜구를 격퇴하다

40 고려사절요 권27 1360년 4월(음) 왜구가 사주를 노략질하다

41 고려사절요 권27 1360년 5월(음) 왜구가 크게 침입하니 개경에 계엄을 선포하다.

42 고려사절요 권27 1360년 5월(윤) 왜구가 강화도를 노략질하다

43 고려사절요 권27 1360년 5월(윤) 왜구가 교동현을 불태우다

44 고려사절요 권27 1361년 2월(음) 김횡이 왜구를 격퇴하다

45 고려사절요 권27 1361년 3월(음) 왜구가 남해현을 불태우다

46 고려사절요 권27 1361년 4월(음) 왜구가 고성 등을 노략질하다

47 고려사절요 권27 1361년 8월(음) 왜구가 동래 등을 노략질하다

48 고려사절요 권27 1362년 2월(음) 왜구가 악양현을 불태우다

49 고려사절요 권28 1364년 12월(음) 왜구가 조강을 노략질하다

50 고려사절요 권28 1365년 3월(음) 최영에게 교동과 강화를 노략질한 왜구를 막도록 하다

51 고려사절요 권28 1365년 4월(음) 왜구가 교동 등지를 노략질하다

52 고려사절요 28 1366년 5월(음) 왜구가 삼악현을 노략질하다

53 고려사절요 28 1366년 9월(음) 왜구가 양천현에서 조운선을 약탈하다

54 고려사절요 28 1367년 3월(음) 왜구가 강화부를 약탈하다

55 고려사절요 28 1369년 11월(음) 왜구가 영주 등에서 조운선

을 약탈하다

  56 고려사절요 29 1370년 2월(음) 왜적이 내포를 침략해 약탈하다

  57 고려사절요 29 1371년 7월(음) 왜적이 예성강을 노략질하다

  58 고려사절요 29 1371년 8월(음) 왜적이 봉주를 노략질하다

  59 고려사절요 29 1372년 2월(음) 왜적이 백주를 노략질하다

  60 고려사절요 29 1372년 3월(음) 왜적이 순천군 등을 노략질하다

  61 고려사절요 29 1372년 6월(음) 이옥이 강릉부에 침략한 왜적
을 물리치다

  62 고려사절요 29 1372년 6월(음) 왜적이 안변 · 함주를 노략질하다

  63 고려사절요 29 1372년 6월(음) 왜적이 동계 등지를 침략하다

  64 고려사절요 29 1372년 6월(음) 왜적이 홍주를 노략질하다

  65 고려사절요 29 1373년 2월(음) 구산현을 노략질한 왜적을 물
리치다

  66 고려사절요 29 1373년 3월(음) 왜적이 하동군을 노략질하다

  67 고려사절요 권29 1373년 9월(음) 왜적이 해주목사를 살해하다

  68 고려사절요 권29 1374년 3월(음) 박수경이 안주를 노략질한
왜적을 물리치다

  69 고려사절요 권29 1374년 4월(음) 왜적이 자연도를 노략질하다

  70 고려사절요 권29 1374년 5월(음) 왜적이 강릉·삼척 등을 노략
질하다

  71 고려사절요 권29 1374년 9월(음) 왜구가 접근하여 도성에 계
엄령을 내리다

  72 고려사절요 권29 1374년 9월(음) 왜적이 안주를 노략질하다

  73 고려사절요 권29 1374년 12월(음) 왜적이 밀성을 노략질하다

  74 고려사절요 권30 1375년 3월(음) 경양현을 노략질하던 왜구

와 싸워 패하다

75 고려사절요 권30 1375년 7월(음) 왜구의 노략질이 극심해지다

76 고려사절요 권30 1375년 8월(음) 왜구가 낙안과 보성을 노략질하다

77 고려사절요 권30 1375년 8월(음) 윤승순이 왜구의 목을 베다

78 고려사절요 권30 1375년 9월(음) 왜구가 영주와 목주를 노략질하다

79 고려사절요 권30 1375년 9월(음) 왜구가 서주와 결성을 노략질하다

80 고려사절요 권30 1375년 10월(음)왜구를 막지 못한 정비와 한방언을 수졸로 편배하다81 고려사절요 권30 1375년 11월(음) 양광도안무사가 왜구를 격퇴하다

82 고려사절요 권30 1376년 3월(음) 조민수가 진주를 노략질하던 왜구를 격퇴하다

83 고려사절요 권30 1376년 6월(음) 유실 등이 임주를 노략질하던 왜구를 격퇴하다

84 고려사절요 권30 1376년 7월(음) 전라도원수의 부재를 틈타 왜구가 노략질하다

85 고려사절요 권30 1376년 7월(음) 부여·공주 일대를 노략질하던 왜구와 싸워 패하다

86 고려사절요 권30 1376년 7월(음) 최영이 자청하여 왜구 토벌에 나서다

87 고려사절요 권30 1376년 7월(음) 교동현의 민을 옮겨 왜구를 피하게 하다

88 고려사절요 권30 1376년 7월(음) 유영 등이 낭산현을 노략질

하던 왜구를 격퇴하다

　89 고려사절요 권30 1376년 7월(음) 왜구가 도성을 침범할 것이라는 소문이 돌다

　90 고려사절요 권30 1376년 7월(음) 최영이 홍산에서 왜구를 격퇴하다

　91 고려사절요 권30 1376년 9월(음) 홍산에서 왜구를 격퇴한 전공을 논하다

　92 고려사절요 권30 1376년 9월(음) 왜구가 전라도 일대를 노략질하다

　93 고려사절요 권30 1376년 9월(음) 유실이 전주를 노략질하던 왜구를 격퇴하다

　94 고려사절요 권30 1376년 9월(음) 임파현에서 왜구와 싸워 패하다

　95 고려사절요 권30 1376년 9월(윤) 유영과 유실에게 왜구와의 전투에서 패전한 죄를 묻다

　96 고려사절요 권30 1376년 10월(음) 일본 승려가 답방하여 왜구의 단속을 맹서하다

　97 고려사절요 권30 1376년 10월(음) 변안열 등이 부령을 노략질하던 왜구를 격퇴하다

　98 고려사절요 권30 1376년 10월(음) 최공철이 진포·강화부·한주를 노략질 왜구를 격퇴하다.

　99 고려사절요 권30 1376년 11월(음) 왜구가 경상도 일대를 노략질하다

　100 고려사절요 권30 1376년 11월(음) 왜구가 경상도 동남연해를 노략질하다

101 고려사절요 권30 1376년 12월(음)김진이 경상도일대를 노략질하던 왜구와 싸워 패하다102 고려사절요 권30 1377년 1월(음) 왜구가 회원창의 품미를 훔치다

103 고려사절요 권30 1377년 1월(음) 김진에게 왜구와의 전투에서 패전한 죄를 묻다

104 고려사절요 권30 1377년 2월(음) 왜구가 신평현을 노략질하다

105 고려사절요 권30 1377년 2월(음) 인해가 경양및 평택현을 노략질하던 왜구와 싸워 패하다

106 고려사절요 권30 1377년 2월(음) 왜구 방어를 위하여 전력을 보강하고 전공을 포상하다

107 고려사절요 권30 1377년 3월(음) 착량과 강화도를 노략질하던 왜구와 싸워 패하다

108 고려사절요 권30 1377년 3월(음) 나세 등이 강화도에서 왜구를 공격하다

109 고려사절요 권30 1377년 3월(음) 대마도로부터 대규모의 왜구가 침입해 오다

110 고려사절요 권30 1377년 4월(음) 왜구가 울주와 계림을 노략질하다

111 고려사절요 권30 1377년 4월(음) 우인열이 울주에 재침입한 왜구를 격퇴하다

112 고려사절요 권30 1377년 4월(음) 박위가 황산강 어귀에서 왜구를 격퇴하다

113 고려사절요 권30 1377년 4월(음) 왜구가 울주·양주·밀성·언양현을 노략질하다

114 고려사절요 권30 1377년 4월(음) 우인열과 배극렴이 율포에

서 왜구를 격퇴하다

115 고려사절요 권30 1377년 4월(음) 최영과 변안열이 서강에 들어온 왜구를 격퇴하다

116 고려사절요 권30 1377년 4월(음) 왜구가 여미현을 노략질하다

117 고려사절요 권30 1377년 5월(음) 이성계 등이 경상도에서 왜구를 공격하다

118 고려사절요 권30 1377년 5월(음) 왕빈이 밀성을 노략질하던 왜구를 격퇴하다

119 고려사절요 권30 1377년 5월(음) 왜구를 예측하기 어렵다는 이유로 천도를 논의하다

120 고려사절요 권30 1377년 5월(음) 이성계가 지리산 아래에서 왜구를 격퇴하다

121 고려사절요 권30 1377년 5월(음) 박위가 황산강에서 왜구를 격퇴하다

122 고려사절요 권30 1377년 5월(음) 양광도를 노략질하던 왜구와 싸워 패하다

123 고려사절요 권30 1377년 5월(음) 양백연과 나세가 강화에서 왜구를 격퇴하다

124 고려사절요 권30 1377년 5월(음) 왜구가 강화를 노략질하다

125 고려사절요 권30 1377년 6월(음) 조인벽 등이 서해도를 노략질하던 왜구와 싸워 패하다

126 고려사절요 권30 1377년 6월(음) 정지가 순천 등지를 노략질하던 왜구를 격퇴하다

127 고려사절요 권30 1377년 6월(음) 왜구가 안주와 장택현을 노략질하다

128 고려사절요 권30 1377년 6월(음) 왜구의 포로였다가 도망쳐 온 민들을 위무하다

129 고려사절요 권30 1377년 6월(음) 왜구가 전국 각지를 노략질하다

130 고려사절요 권30 1377년 6월(음) 왜구에게 피살된 시신들을 수습하다

131 고려사절요 권30 1377년 7월(음) 정용이 제주에서 왜선을 포획하여 몰살시키다

132 고려사절요 권30 1377년 7월(음) 왜구가 풍주를 노략질하다

133 고려사절요 권30 1377년 8월(음) 서해도의 왜구를 격퇴하기 위하여 지원군을 보내다134 고려사절요 권30 1377년 8월(음) 왜구가 해주를 노략질하다

135 고려사절요 권30 1377년 9월(음) 이성계가 해주에서 왜구를 격퇴하다

136 고려사절요 권30 1377년 9월(음) 왜구가 전라도를 노략질하다

137 고려사절요 권30 1377년 9월(음) 최영이 해주와 평주를 노략질하던 왜구를 격퇴하다138 고려사절요 권30 1377년 9월(음) 이림이 악양현을 노략질하던 왜구를 격퇴하다

139 고려사절요 권30 1377년 9월(음) 왕안덕이 양광도를 노략질하던 왜구와 싸워 패하다140 고려사절요 권30 1377년 10월(음) 왜구가 동래현을 노략질하다

141 고려사절요 권30 1377년 10월(음) 왜구 대비를 위하여 군사를 징발하다

142 고려사절요 권30 1377년 10월(음) 왕안덕 등이 영주와 아주를 노략질하던 왜구를 격퇴하다

143 고려사절요 권30 1377년 10월(음) 왜구가 함열현을 노략질하다

144 고려사절요 권30 1377년 11월(음) 왜구가 부여·정산·홍산을 노략질하다

145 고려사절요 권30 1377년 11월(음) 배극렴이 김해부와 의창현을 노략질하던 왜구와 싸워 패하다

146 고려사절요 권30 1377년 11월(음) 왜구가 수안현 등을 노략질하다

147 고려사절요 권30 1377년 12월(음) 순천병마사정지가 왜구를 격퇴하다

148 고려사절요 권30 1378년 1월(음) 왜구가 연안부와 안산 등을 노략질하다

149 고려사절요 권30 1378년 3월(음) 왜구가 태안군을 노략질하다

150 고려사절요 권30 1378년 3월(음) 신인이 양광도를 노략질하던 왜구와 싸워 패하다

151 고려사절요 권30 1378년 4월(음) 왜구가 덕풍현 등을 노략질하다

152 고려사절요 권30 1378년 4월(음) 최영과 이성계가 해풍군에서 왜구를 격퇴하다

153 고려사절요 권30 1378년 5월(음) 왜구가 비인현과 수원부를 노략질하다

154 고려사절요 권30 1378년 6월(음) 청주를 노략질하던 왜구를 습격하다

155 고려사절요 권30 1378년 6월(음) 왜구가 목주·영주·온수현을 노략질하다

156 고려사절요 권30 1378년 6월(음) 최공철등이 종덕현 등을

노략질하던 왜구를 격퇴하다157 고려사절요 권30 1378년 7월(음)
최공철 등이 아주를 노략질하던 왜구를 격퇴하다

158 고려사절요 권30 1378년 8월(음) 배극렴이 욕지도에서 왜구
를 격퇴하다

159 고려사절요 권30 1378년 8월(음) 탁사청이 회령현에서 왜구
를 격퇴하다

160 고려사절요 권30 1378년 8월(음) 왜구가 연안부·해주·금주·
양천을 노략질하다

161 고려사절요 권30 1378년 9월(음) 왜구가 서주를 노략질하다

162 고려사절요 권30 1378년 9월(음) 왜구가 철주와 익주 등을
노략질하다

163 고려사절요 권30 1378년 10월(음) 왜구가 임주와 전주를 노
략질하다

164 고려사절요 권30 1378년 10월(음) 지용기와 정지가 옥과현에
서 왜구를 격퇴하다

165 고려사절요 권30 1378년 11월(음) 왜구가 담양현과 익주를
노략질하다

166 고려사절요 권30 1378년 12월(음) 배극렴이 하동과 진주를
노략질하던 왜구를 격퇴하다167 고려사절요 권31 1379년 2월(음)
정지가 순천 등지를 노략질하던 왜구와 싸워 패하다

168 고려사절요 권31 1379년 3월(음) 왜구가 전라도 일대를 노
략질하다

169 고려사절요 권31 1379년 4월(음) 한방언 등을 조전원수로
삼아 왜구를 추포하도록 하다

170 고려사절요 권31 1379년 4월(음) 왜구가 안산군을 노략질하다

171 고려사절요 권31 1379년 4월(음) 김유와 나세가 연안부를 노략질하던 왜구를 격퇴하다

172 고려사절요 권31 1379년 4월(음) 우인열이 합포를 노략질하던 왜구를 격퇴하다

173 고려사절요 권31 1379년 5월(음) 양백연 등이 진주를 노략질하던 왜구를 격퇴하다

174 고려사절요 권31 1379년 5월(음) 왜구가 풍주를 노략질하다

175 고려사절요 권31 1379년 5월(음) 나세와 김유가 용강현 목곶포에서 왜구를 격퇴하다

176 고려사절요 권31 1379년 5월(음) 왜구가 신주를 노략질하다

177 고려사절요 권31 1379년 5월(윤) 최원지가 영청현에서 왜구를 격퇴하다

178 고려사절요 권31 1379년 5월(윤) 일본해도포착군관이 왜구와의 전투에서 패하다

179 고려사절요 권31 1379년 6월(음) 우인열이 청도군을 노략질하던 왜구를 격퇴하다

180 고려사절요 권31 1379년 6월(음) 조인벽과 박수경을 원수로 삼아 강릉도의 왜구에 대비하다

181 고려사절요 권31 1379년 6월(음) 용주와 울주 등지를 노략질하던 왜구를 격퇴하다

182 고려사절요 권31 1379년 7월(음) 왜구가 낙안군을 노략질하다

183 고려사절요 권31 1379년 7월(음) 왜구가 무릉도에 침입하다

184 고려사절요 권31 1379년 7월(음) 우인열이 동래현에서 왜구와 싸우다

185 고려사절요 권31 1379년 8월(음) 왜구가 여미현과 수주·곽

주를 노략질하다

186 고려사절요 권31 1379년 8월(음) 우인열 등이 사주에서 왜구를 격퇴하다

187 고려사절요 권31 1379년 9월(음) 경상도 일대에서 왜구의 노략질이 극심해지다

188 고려사절요 권31 1379년 9월(음) 서해도·양광도의 수군을 점검하며 왜구에 대비하다

189 고려사절요 권31 1379년 10월(음) 목인길 등이 전라도에서 왜구와 싸우다

190 고려사절요 권31 1380년 2월(음) 왜구가 영선현과 보성군을 노략질하고 부유현으로 들어가다

191 고려사절요 권31 1380년 3월(음) 왜구가 순천 송광사를 노략질하다

192 고려사절요 권31 1380년 3월(음) 최공철 등을 보내어 광주 일대를 왜구로부터 방어하다

193 고려사절요 권31 1380년 5월(음) 왜구가 결성과 홍주를 노략질하다

194 고려사절요 권31 1380년 5월(음) 왜구를 제어하지 못한 최공철 등을 문책하다

195 고려사절요 권31 1380년 6월(음) 지용기가 정읍현을 노략질하던 왜구를 격퇴하다

196 고려사절요 권31 1380년 7월(음) 지용기가 명량향에서 왜구와 싸워 포로를 탈환하다

197 고려사절요 권31 1380년 7월(음) 왜구가 양광도 남부를 노략질하고 떠나다

212 고려사절요 권31 1381년 3월(음) 왜구가 동해안 일대를 노략질하다

213 고려사절요 권31 1381년 4월(음) 이을진과 나공언이 무등산의 왜구를 격퇴하다

214 고려사절요 권31 1381년 5월(음) 오언이 이산수를 노략질하던 왜구를 격퇴하다

215 고려사절요 권31 1381년 5월(음) 윤호가 왜구의 목을 베다

216 고려사절요 권31 1381년 5월(음) 정남진이 왜구를 격퇴하다

217 고려사절요 권31 1381년 6월(음) 왜구가 비인현을 노략질하고 영주를 불태우다

218 고려사절요 권31 1381년 6월(음) 남질이 김해부와 영해 등지에서 왜구를 격퇴하다

210 고려사절요 권31 1381년 6월(음) 권해룡이 울진현을 노략질하던 왜구를 격퇴하다

220 고려사절요 권31 1381년 7월(음) 왜구가 김해부를 노략질하다

221 고려사절요 권31 1381년 7월(음) 남질이 고성현을 노략질하던 왜구를 격퇴하다

222 고려사절요 권31 1381년 9월(음) 왜구가 서주를 노략질하다

223 고려사절요 권31 1381년 10월(음) 왜구가 임하현을 노략질하다

224 고려사절요 권31 1381년 10월(음) 지용기와 이을진이 반남현을 노략질하던 왜구를 격퇴하다

225 고려사절요 권31 1381년 11월(음) 왜구가 보령현과 밀성현을 노략질하다

226 고려사절요 권31 1382년 2월(음) 오언이 임주를 노략질하던 왜구와 싸워 패하다

227 고려사절요 권31 1382년 2월(윤) 왜구가 임주·부여·석성을 노략질하다

228 고려사절요 권31 1382년 3월(음) 왜구가 동해안 일대를 노략질하다

229 고려사절요 권31 1382년 3월(음) 왜구가 영월 및 경상도 북부 내륙을 노략질하다

230 고려사절요 권31 1382년 4월(음) 조인벽과 권현룡이 왜구를 격퇴하다

231 고려사절요 권31 1382년 4월(음) 변안열과 한방언이 단양군을 노략질하던 왜구를 격퇴하다

232 고려사절요 권31 1382년 5월(음) 왜구가 영춘현을 노략질하다

233 고려사절요 권31 1382년 5월(음) 변안열 등이 안동에서 왜구를 격퇴하다

234 고려사절요 권31 1382년 5월(음) 왜구가 회양부를 노략질하다

235 고려사절요 권31 1382년 6월(음) 왜구가 경상도 북부 내륙 및 통구현을 노략질하다

236 고려사절요 권31 1382년 10월(음) 정지가 진포와 군산도에서 왜구를 격퇴하다

237 고려사절요 권32 1383년 1월(음) 정지가 왜구를 격퇴하다

238 고려사절요 권32 1383년 5월(음) 정지가 남해현에서 왜구를 격퇴하다

239 고려사절요 권32 1383년 6월(음) 왜구가 경상도 일대와 단양·제주를 노략질하다

240 고려사절요 권32 1383년 7월(음) 우하가 의성·예안·순흥에서 왜구를 격퇴하다

241 고려사절요 권32 1383년 7월(음) 왜구가 경산부 일대를 노략질하다

242 고려사절요 권32 1383년 7월(음) 왕안덕이 괴주에서 왜구를 격퇴하다

243 고려사절요 권32 1383년 7월(음) 최공철이 방림역에서 왜구를 격퇴하다

244 고려사절요 권32 1383년 8월(음) 윤가관이 안동 등지에서 왜구와 싸워 패하다

245 고려사절요 권32 1383년 8월(음) 황보림이 여현에서 왜구를 격퇴하다

246 고려사절요 권32 1383년 8월(음) 왕안덕 등이 괴주·장연현을 노략질하던 왜구를 격퇴하다

247 고려사절요 권32 1383년 8월(음) 왜구가 춘양 등을 노략질하다

248 고려사절요 권32 1383년 8월(음) 왜구가 임실현을 노략질하다

249 고려사절요 권32 1383년 8월(음) 문달한 등이 계룡산에 웅거하던 왜구를 격퇴하다

250 고려사절요 권32 1383년 9월(음) 남좌시 등이 김화에서 왜구와 싸워 패하다

251 고려사절요 권32 1383년 9월(음) 김입견 등이 홍천현을 함락한 왜구를 격퇴하다

252 고려사절요 권32 1383년 10월(음) 강릉도의 장수들이 왜구에 맞서 고전하다

253 고려사절요 권32 1383년 10월(음) 이을진 등이 동산현에서 왜구를 격퇴하다

254 고려사절요 권32 1383년 11월(음) 한방언이 금곡촌에서 왜구를 격퇴하다

256 고려사절요 권32 1384년 7월(음) 지용기가 왜구를 격퇴하다

257 고려사절요 권32 1384년 7월(음) 왜구가 구례현 등을 노략질하다

258 고려사절요 권32 1384년 8월(음) 왜구가 양산현을 노략질하다

259 고려사절요 권32 1384년 8월(음) 왜구가 영동현 등을 노략질하다

260 고려사절요 권32 1384년 8월(음) 왜구가 노도를 노략질하다

261 고려사절요 권32 1384년 10월(음) 왜구가 관량을 노략질하다

262 고려사절요 권32 1384년 10월(윤) 왕승보가 장연현을 노략질하던 왜구와 싸워 패하다

263 고려사절요 권32 1384년 10월(윤) 왜구가 청하현을 노략질하다

264 고려사절요 권32 1384년 11월(음) 윤가관 등이 함양군을 노략질하던 왜구를 격퇴하다

265 고려사절요 권32 1384년 11월(음) 윤유린 등이 동복현을 노략질하던 왜구를 격퇴하다

266 고려사절요 권32 1384년 11월(음) 왜구가 공이향을 노략질하다

267 고려사절요 권32 1384년 12월(음) 윤지철이 덕적도에서 왜구를 격퇴하다

268 고려사절요 권32 1385년 1월(음) 조언이 여주도에서 왜구를 격퇴하다

269 고려사절요 권32 1385년 1월(음) 황보림이 왜구를 격퇴하다

270 고려사절요 권32 1385년 3월(음) 왜구가 영강현을 노략질하다

271 고려사절요 권32 1385년 4월(음) 왜구가 교주도를 노략질하다

272 고려사절요 권32 1385년 7월(음) 심덕부가 단주를 노략질하던 왜구와 싸워 패하다

273 고려사절요 권32 1385년 7월(음) 왜구가 옹진 기린도를 노략질하다

274 고려사절요 권32 1385년 7월(음) 목자안이 평해부를 노략질하던 왜구를 격퇴하다

275 고려사절요 권32 1385년 8월(음) 왜구가 단주를 노략질하다

276 고려사절요 권32 1385년 9월(음) 이성계 등이 함주에서 왜구를 격퇴하다

277 고려사절요 권32 1385년 10월(음)최운해가 왜구를 격퇴하다

278 고려사절요 권32 1385년 11월(음) 박위가 왜구를 격퇴하다

279 고려사절요 권32 1387년 1월(음) 왜구가 강화를 노략질하자 최영이 해풍에 주둔하다

280 고려사절요 권32 1387년 10월(음)왕승보가 임주 등을 노략질하던 왜구와 싸워 패하다281 고려사절요 권32 1387년 11월(음) 김언경의 처가 광주에서 왜구에 붙잡혀 해를 당하다282 고려사절요 권32 1387년 12월(음)왜구가 정읍현을 노략질하다

283 고려사절요 권33 1388년 4월(음) 왜구가 초도에 침입하다

284 고려사절요 권33 1388년 5월(음) 왜구가 진포 인근의 주군을 노략질하다

285 고려사절요 권33 1388년 5월(음) 왜구가 양광도를 노략질하니 도흥 등을 보내어 막다

286 고려사절요 권33 1388년 6월(음) 왜구가 전주와 김제현 등

을 노략질하다

287 고려사절요 권33 1388년 7월(음) 왜구가 광주를 함락시키다

288 고려사절요 권33 1388년 8월(음) 왜구가 거제를 노략질하다

289 고려사절요 권33 1388년 8월(음) 왜구가 연산현 개태사를
노략질하다

290 고려사절요 권33 1388년 8월(음) 왜구가 양광도와 전라도의
군현들을 노략질하다.

291 고려사절요 권33 1388년 8월(음) 왜구가 진주를 노략질하다

292 고려사절요 권33 1388년 8월(음) 박위와 최단이 상주 중모
현에서 왜구를 격퇴하다

293 고려사절요 권33 1388년 8월(음) 정지 등이 남원에서 왜구
를 격퇴하다

294 고려사절요 권33 1388년 8월(음) 왜구가 옥주현 등을 노략
질하다

295 고려사절요 권33 1388년 9월(음) 박위가 고령현에서 왜구를
격퇴하다

296 고려사절요 권33 1388년 11월(음) 왜구가 구례 등을 노략질
하다

297 고려사절요 권34 1389년 7월(음) 왜적이 함양과 진주를 노
략질하다

298 고려사절요 권34 1389년 10월(음) 왜적이 양광도를 노략질하다

299 고려사절요 권34 1390년 6월(음) 왜구가 양광도 등을 노략
질하다

300 고려사절요 권34 1390년 8월(음) 왜구가 전라도를 노략질하다

301 고려사절요 권35 1391년 9월(음) 안경량이 남양을 침구한 왜구를 격퇴하다

302 고려사절요 권35 1392년 2월(음) 이흥인이 구라도를 노략질한 왜구를 격파하다

쌍성총관부

아주 요상한 대목을 발견했다.

한·중 정사의 모든 기록은 거의 합치한다. 하지만 '쌍성총관부'는 『원사』 등 중국 정사엔 전혀 없는데, 『고려사』·『고려사절요』·『태조실록』 등 한국 정사에만 나온다. 왜 이럴까?

쌍성총관부는 어디일까?

한국의 교과서 비롯 모든 온오프라인 문건과 지도에서는 쌍성총관부가 고려 후기 몽고가 고려의 화주(和州 : 지금의 함경남도 영흥) 이북을 직접 통치하기 위해 설치했던 관부라고 설명했다.

과연 그럴까?

아래는 『고려사』와 『고려사절요』에서 발췌한 내용이다.

• 화주(和州)는 본래 고구려의 땅으로, 혹은 장령진(長嶺鎭)이라 불렀다. 고려 초에 화주(和州)라고 하였다.

  ―『고려사』지, 지리, 동계

• 고종 45년(1258)에 몽고 병사가 침입하자 용진현 사람 조휘(趙

暉)·정주 탁청이 반란을 일으켜 병마사 신집평을 죽이고 화주(和州) 이북의 땅을 들어 몽고에 귀부하였다. 몽고는 이내 화주에 쌍성총관부(雙城惣管府)를 설치하였고, 조휘를 총관으로 탁청을 천호로 삼아 다스리게 하였다.

공민왕 5년(1356) 7월에 추밀원부사 유인우 이성계를 보내어 쌍성을 수복하였다.

• 요양성에서 쌍성을 진휼하다
여름 4월. 원(元)의 요양성(遼陽省)에서 황제의 명을 받들어 강남(江南)에서 운송하는 쌀 3,000석으로 쌍성(雙城)을 진휼하게 하였다.

쌍성이 함경남도 영흥이라면 그 먼 요양성(지금의 랴오양)에서 그 멀고 먼 낭림산맥을 넘고 또 마천령산맥을 넘고 또 넘어 가야 겨우 나오는 함경남도까지 쌀가마 3000석을 운반할 수 있을까? 바로 광활한 만주평원 옆동네 인접한 쌍성(하얼빈 지역)으로 갔어야지!

• 우리 환조(桓祖)가 쌍성 등처천호(雙城 等處千戶)로서 와서 뵈니, 왕이 말하기를, "그대의 할아버지와 아버지는 몸은 비록 밖에 있었지만 마음은 왕실에 있었으니, 우리 조부도 실로 그를 총애하고 가상하게 여겼다. 이제 경은 할아버지와 아버지를 욕되게 하는 일이 없어야 할 것이다. 내 장차 그대가 공을 이룰 수 있도록 도울 것이다."라고 하였다.
쌍성은 땅이 자못 비옥하고 풍요로우므로, 동남쪽 민(民)들로 항산이 없는 자들이 많이 돌아갔다. 본국에서 중서성(中書省)에 아뢰어서, 성지(聖旨)를 받든 관리가 오고 요양 성(遼陽 省)에서도 또한 관리를 임명하여 보내오니, 왕이 행성 낭중(郎中) 이수산(李壽山)을 파견하여 가서 회의하여 신구(新舊)를 분간하여 민(民)을 호적에 신도록 한 뒤 이를 일컬어서 삼성조감호계(三省照勘戶計)라고 하였다.

그 뒤에 민을 어루만지고 편안하게 하는 것이 마땅함을 잃었으므로, 점점 흩어지고 옮겨갔다. 환조에게 명하여 이를 주관하게 하였으니, 민들이 이로 말미암아 그 생업을 안정시킬 수 있었다.

　－『조선왕조실록』

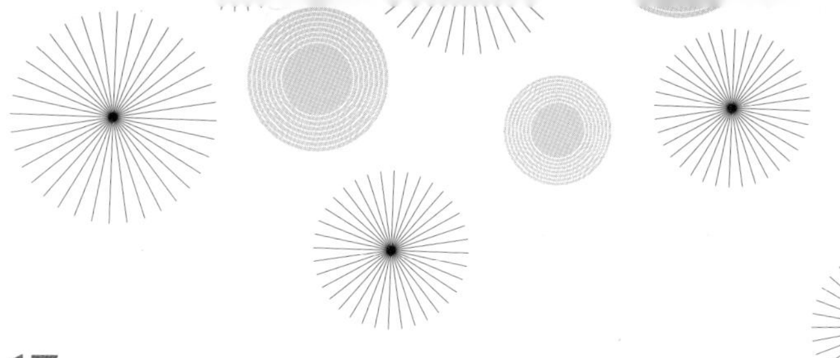

17.
이성계는 두 번 압록강을 건너
고구려 옛 땅을 수복했다

이성계는 1만5000명 대군을 이끌고 압록강을 두 번이나 건너 북벌, 고구려 수도와 옛 땅 환인과 요동성을 수복해 남만주를 석권했다.

요즘 항간에는 기득권 세력의 선택적 정의, 선택적 수사라는 말이 유행하고 있다. 한국의 역사도 그런 것 같다. 이 땅의 주류 종일 매국사관은 정사(正史)에 무수히 명기된 고려와 조선의 고구려 옛 땅 수복을 위한 정벌을 철저히 숨기거나 의미를 축소해왔다.

그 대신, 묘청의 난, 위화도 회군 등 한반도내의 내란이나 반란만 부각시켜 주입해 왔다. 전지적 일본인 시각으로 왜곡 은폐 오도된 역사라 아니할 수 없다.

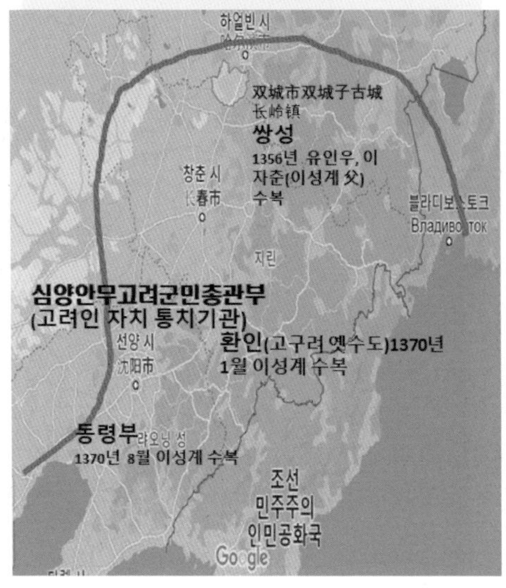

필자는 『환단고기』 류와 같은 위서와 야사, 개인 학설과 주장을 철저히 배제하는 대신 『고려사』와 『조선왕조실록』 또는 『사고전서』 등 한·중 양국 정사(正史) 기록에서 한민족 선조들의 진취적 기상과 위대한 업적을 발굴해 재조명하고자 한다.

흔히들 조선 태조 이성계 하면 위화도 회군을 떠올린다. 조정의 명령에 반역, 압록강을 건너지 않고 회군하여 고려를 멸망시킨 '쿠데타 수괴' 비슷하게 이미지가 그려졌다. 필자 역시 이성계가 압록강을 건너 요동을 정벌했으면 좋았을 텐데 하고 원망했다.

그러나 『고려사』, 『고려사절요』, 『조선왕조실록 · 태조실록』, 『동국통감』 등 조선 4대 대표 관찬 사서에 명기된 무수한 기록을 보고 경악

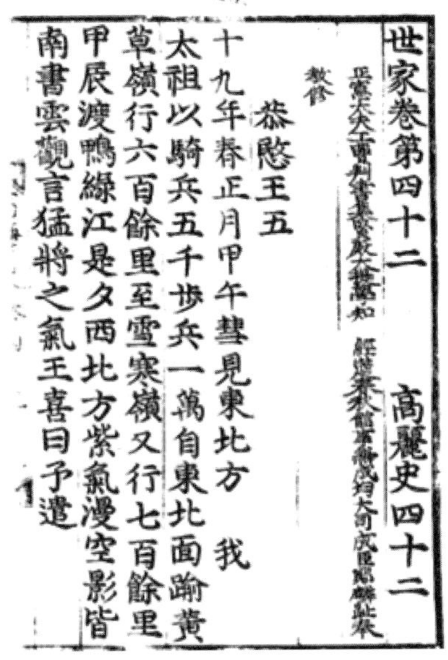

世家卷第四十二　高麗史四十二

教督

恭愍王五

十九年春正月甲午彗見東北方　我

太祖以騎兵五千步兵一萬自東北面踰黃

草嶺行六百餘里至雪寒嶺又行七百餘里

甲辰渡鴨綠江是久西北方紫氣漫空影皆

南書雲觀言猛將之氣王喜曰予遣

『고려사』 1370년 1월 31일(공민왕 19년) 1월 4일(음)

할 수밖에 없다. 지면관계상 주요 사실만 간략히 소개한다.

1. 1차 북벌, 고구려 옛 수도 환인 수복

아래의 내용은 『태조실록』 1권, 총서 47번째 기사로 『고려사』 1370년 1월 31일(공민왕 19년) 1월 4일(음) 기사와 동일하다(환조 부분 제외).

태조가 군대를 거느리고 압록강을 건너 동북면의 영토를 확장하다.

우리 태조(太祖, 이성계)가 기병 5000명과 보병 1만명을 거느리고 동북면으로부터 황초령(黃草嶺; 지금의 함남 장진군 고개)을 넘어 600

여 리를 행군하여 설한령(雪寒嶺 자강도 용림군 고개)에 이르렀으며, 또 700여 리를 행군하여 갑진일에 압록강(鴨綠江)을 건넜다. 이날 저녁 서북방 쪽에 자줏빛 기운이 하늘에 가득 찼는데, 그 빛이 모두 남쪽으로 향하였다. 서운관(書雲觀)에서 이르기를, "맹장의 기운입니다."라고 하니, 왕이 기뻐하며 말하기를, "내가 이성계를 보냈으니, 필시 거기에 대한 반응일 것이다."라고 하였다.

이때 동녕부(東寧府; 지금의 랴오양시 중심) 동지 이오로첩목아는 태조가 온다는 말을 듣고 우라산성(亏羅山城; 중국 환인현 오녀산성은 고구려 옛 수도 졸본산성)으로 옮겨 가서 지켜 대로에 웅거하여 막고자 하였다.

태조가 야둔촌에 이르니, 오로첩목아 와서 도전하다가 조금 후에 갑옷을 버리고 재배하면서 말하기를, "우리 선조는 본디 고려 사람이니, 원컨대, 신복이 되겠습니다."라 하고, 300여 호를 거느리고 와서 항복했다. 그 추장 고안위는 오히려 성에 웅거하여 항복하지 않으므로, 우리 군사들이 그를 포위했다. 이때 태조는 활과 살을 가지지 않았으므로 수종하는 사람의 활을 가져와서 편전을 사용해 이들에게 쏘았다. 무릇 70여 번이나 쏘았는데 모두 그 얼굴에 바로 맞으니, 성중 사람들이 겁이 나서 기운이 쑥 빠졌다. 안위(安慰)는 능히 지탱하지 못하여 처자를 버리고 줄에 매달려 성을 내려와서 밤에 도망하였다. 이튿날 두목 20여 명이 백성을 거느리고 나와서 항복하여, 여러 산성들은 소문만 듣고 모두 항복하니, 호(戶)를 얻은 것이 무릇 만 여 호나 되었다. 전쟁에서 얻은 소 천여 마리와 말 수백여 필을 모두 그 주인에게 돌려주니, 북방 사람이 크게 기뻐하여 귀순한 사람이 저자[市]와 같았다.

이에 동쪽으로는 황성(皇城: 지금의 하얼빈)에 이르고, 북쪽으로는 동녕부(東寧府: 지금의 평양)에 이르고, 서쪽으로는 바다에 이르고, 남쪽으로는 압록강에 이르기까지 텅 비게 되었다. 황성(皇城)은 옛날 여진 황제(皇帝)의 성(城: 상경. 1138~1153년)이다.

태조는 원나라 추밀 부사 배주(拜住)와 동녕부의 300여 호가 와서 왕에게 바쳤다. 태조가 우라산성에 들어갈 적에 무너진 담안에서 곡성이 있음을 듣고 사람을 시켜 가 보게 했더니, 한 사람이 벌거벗고 서서 울며 말하기를, "나는 원나라 조정에서 장원 급제한 배주인데, 귀국의 이인복도 나와 동년입니다."라고 하였다. 태조는 장원의 이름을 한번 듣고는 곧 옷을 벗어서 그를 입히고, 말을 주어서 그를 타게 하여 마침내 그와 함께 오니, 왕이 배주에게 한복(韓復)이란 성명을 내려 주었다. 한복이 태조를 섬기되 매우 조심성 있게 하였다.

다음은 태조실록 기록이다.

삼가 생각하건대, 우리 환조(桓祖이만춘)께서 우리 태조를 탄생하시어 이 백성을 구제하고 큰 왕업을 터전잡게 했으니, 쌍성(雙城: 쌍성자, 지금의 우수리스크로 추정)의 전역은 실제로 내응이 되었습니다. 쌍성)이 수복됨으로써 함길도의 9성이 지역이 수복되었으며, 9성이 수복됨으로써 정병 건졸이 모두 우리의 소용이 되었으니, 그 공덕의 성대함이 어떻다 하겠습니까? 원컨대 옛 제도에 의거하여 환조를 국사(國社)에 배향하도록 하소서. 위의 조목은 의정부에 내리겠다.

한국의 거의 모든 석학대가들께서 『고려사』(맨앞: 고려동북영토는 고

구려보다 넓었다)는커녕 『조선왕조실록』(맨앞 「태조실록」 1권: 이성계가 압
록강을 건너 동북면 영토를 확장하다)도 단 한 번도 읽지 않았다는 데 내
양 손모가지를 걸고 싶다.

2. 2차 북벌, 요동성 함락해 고구려의 서북영토 수복

다음은 『고려사절요』 1370년 11월 20일(양)의 기록이다. 『동국통
감』 49권 고려기 1370년(공민왕 19년) 11월 기사와 동일하다.

이성계가 요동성을 함락시키다(11월 정해). 우리 태조(太祖) 및 지
용수 등이 의주(義州)에 이르러서 뜬 다리를 만들어 압록강을 건넜
는데, 병사들이 3일 만에 모두 건넜다.

이날 저녁에 갑자기 천둥이 치고 비가 내려서 사람들이 모두 근
심하고 두려워하니, 병마사 이구(李玖)가 말하기를, "길한 조짐임을
어찌 의심하겠습니까."라고 하였다.

여러 원수들이 그 까닭을 묻자 이구는 말하기를, "용이 움직이면
반드시 천둥이 치고 비가 내립니다. 지금 상원수는 용(龍)이라는 글
자가 그의 이름인데 강을 건너는 날에 천둥이 치고 비가 내리니, 전
쟁에서 승리할 징조입니다."라고 하였다. 여러 사람들의 마음이 조
금 안정되었다.

무자년 나장탑(螺匠塔)에 이르렀는데, 요성(遼城: 요양성)과의 거
리가 2일 일정이므로 군수품을 남겨두고 7일 분량의 양식을 가지고
떠났다. 비장 홍인계·최공철 등으로 하여금 가볍고 날쌘 기병 3000
명을 거느리게 하였다.

기축년, 나아가 요동성을 습격하였다. 저들이 우리의 군사가 적은 것을 보고 쉽게 생각하여 더불어 싸웠는데, 대군이 연이어서 이르렀으므로 성 안 사람들이 바라보고 낙담하였다.

그들의 장수 처명(處明)이 날래고 용감한 것을 믿고 오히려 막아 싸우자 태조가 이원경으로 하여금 그를 타일러 말하기를, "너를 죽이는 것은 매우 쉽지만, 단지 너를 살려서 거두어 쓰고자 하는 것이니 속히 항복하도록 하라."라고 하였으나 따르지 않았다.

이원경은 말하기를, "네가 우리 장군의 재주를 모르는구나. 네가 만약 항복하지 않으면 1발의 화살로 관통할 것이다."라고 하였다. 여전히 항복하지 않았다. 태조가 일부러 활을 쏘아서 투구를 떨어뜨리고 또다시 이원경으로 하여금 그를 타이르게 하였으나 따르지 않았다.

태조가 또 그 다리를 활로 쏘았다. 처명이 화살에 맞고 달아났다가 얼마 후 다시 와서 싸우고자 하므로, 또 이원경으로 하여금 그를 타이르게 하여 말하기를, "네가 만약 항복하지 않으면 곧 너의 얼굴을 쏠 것이다."라고 하였다. 처명이 마침내 말에서 내려 머리를 조아리고 항복하였다.

어떤 한 사람이 성에 올라 소리치며 말하기를, "우리들은 대군이 왔다는 말을 듣고 모두 투항하고자 하였으나 성을 지키는 장군이 억지로 막아 싸우게 하였으니, 만약 힘껏 공격한다면 성을 취할 수 있을 것이오."라고 하였다.

성이 매우 높고 험준하였으며 화살도 비처럼 쏟아졌고 또 나무와 돌까지 섞여 있었는데, 우리 보병이 화살과 돌을 무릅쓰고 성 가까이에 가서 급하게 공격하여 마침내 그것을 함락시켰다. 기새인첩목아(奇賽因帖木兒, 기사인테무르)가 도망갔다.

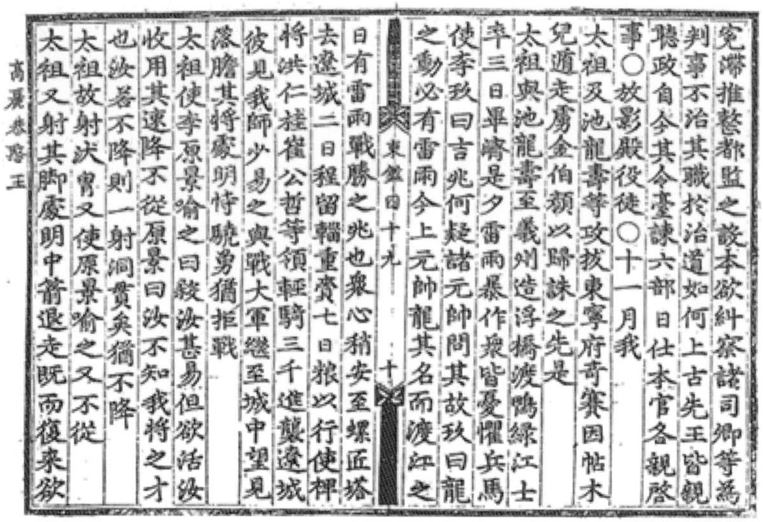

究滯推鞫都監之設本欲糾察諸司卿等爲
判事不治其職於治道如何上古先王皆親
聽政自今其令臺諫六部日仕本官各親啓
事○放影殿役徒○十一月我
太祖及池龍壽等攻拔東寧府奇賽因帖木
兒遁走虜金伯顏以歸誅之先是
太祖與池龍壽至義州造浮橋渡鴨綠江士
卒三日畢濟是夕雷雨暴作衆皆憂懼兵馬
使李玖曰吉兆何疑諸元帥問其故玖曰龍
之動必有雷雨今上元帥龍其名而渡江之
日有雷雨戰勝之兆也衆心稍安至螺匠塔
去遼城二日程留輜重賷七日粮以行使裨
將洪仁桂崔公哲等領輕騎三千進襲遼城
彼見我師少易之與戰大軍繼至城中望見
落膽其將處明恃驍勇猶拒戰
太祖使李原景喩之曰殺汝甚易但欲活汝
收用其速降不從原景曰汝不知我將之才
也汝若不降則一射洞貫矣猶不降
太祖故射決胄又使原景喩之又不從
太祖又射其脚處明中箭退走旣而復來欲

東鑑四十九 十

高麗恭愍王

『동국통감』 49권 고려기 1370년(공민왕 19년) 11월 기사

김백안(金伯顔, 김바얀)을 포로로 하고 군사를 성 동쪽으로 물러나게 하였다. 다음날, 군사가 성 서쪽 10리 되는 곳에 머물렀다. 이날 밤에 붉은 기운이 군영을 쏘았는데, 불처럼 타올랐다. 일관(日官)이 말하기를, "이상한 기운이 군영에 이르렀으니, 옮겨서 둔을 치면 크게 길할 것입니다."라고 하였다. 신묘. 마침내 군사를 되돌렸다. 처음 성이 함락되었을 때 우리 군사들이 창고에 불을 질러 거의 없앴으므로 양식을 취할 곳이 없었다. 군중(軍中)이 크게 굶주리게 되었으므로 이에 소와 말을 죽여 먹음으로써 진을 칠 겨를이 없었으며, 추격하는 병사가 있을까 두려워 사잇길로 돌아오면서 들에서 잠을 자고 사졸들로 하여금 각기 뒷간과 마구간을 만들게 하였다.

납합출(納哈出, 나하추)이 2일 동안 뒤를 밟아 와서 말하기를, "뒷간과 마구간을 만들면서 행군이 정연하니, 습격할 수 없다."라고 하고는 이에 돌아갔다. 군사가 안주(安州)에 이르자, 김백안을 주살하였다.

그의 아버지는 본국의 승려로서 통제원(通濟院)의 여종과 간통하여 김백안을 낳았다. 김백안은 원(元)에 들어가서 벼슬을 역임하여 평장(平章)에 이르렀다.

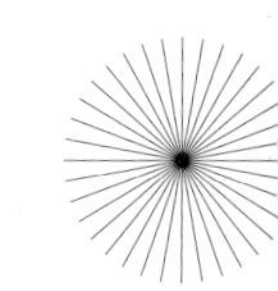

18.
응답하라! 1023년 고려 제국

- 역사는 영원히 되풀이된다. – 투키디데스
- 역사란 예언이 적힌 두루마리 족자다. – J. A.가필드
- 역사를 잊은 민족에게는 미래가 없다. – 신채호
- 이 나라의 지나간 5000년 역사가 내 몸속에 있다. – 함석헌
- 위대한 미래를 잃지 않기 위해서는 위대한 역사를 잊지 않아야
한다. – 강효백

1. '길조'로 가득했던 1023년 고려 제국

지금으로부터 천년 전 1023년 고려 제국은 어떠했을까? 놀랍도
록 경사스러운 일이 많았던 한 해였다.

해동천자이신 지금의 황제는 부처가 돕고 하늘이 도와 교화를 펴러 오셨네.

세상을 다스리시는 은혜가 깊으시니, 원근과 고금에 드문 일이네.

외국에서 친히 달려와서 모두 귀순하여 사방의 변경이 편안하고 깨끗해져서 창과 깃발을 내던지게 되니 성덕은 요임금이나 탕임금에게도 견주기 어려우리.

태평시절을 즐기나니, 사해가 태평하고 덕이 있음이 모두 요임금 시절보다도 낫구나. 변경과 조정에 아무런 사고도 없으니 장군은 보검을 휘두를 일 다시는 없겠구나.

남만과 북적이 스스로 내조하여 온갖 보물을 우리 황제의 마루에 조공하는구나.

금옥전각에서 만세를 외치면서 우리 황제께서 성수만세하시길 바라네.

이처럼 태평시절을 마주하니 악기소리, 노래 소리가 아름다워라.

황제는 성스럽고 신하는 현명하니 흙탕물이 맑아지고 바다의 파고도 잔잔하구나(하략).

　　―『고려사』제71권 지(志) 제25권 악(樂) 2 속악「풍입송」

1022년 12월 29일(양) 밤에 흰 기운이 하늘에 가득 찼다(夜, 白氣漫日).

1023년 고려제국에 상서로운 조짐이 보였다. 흰 기운은 상서로움을 검은 기운은 불길함을 의미한다.

기운이 해를 꿰뚫었다(白氣貫日)

그러자 「풍입송」에서처럼 "남만과 북적이 스스로 내조하여 온갖 보물을 우리 황제의 마루에 조공하는구나"가 다음달에 실현됐다.

1023년 1월 18일(양) 동여진의 수령 사빈(史彬)이 와서 말(馬)과 활, 화살을 바쳤다.

1023년 2월 6일(양) 거란의 초복(焦福) 등 11호가 내투(來投;귀순)하였다.

1023년 2월(미상) 흑수말갈의 오사불등 80인이 와서 말과 조공을 바쳐서 각각 베와 비단을 하사하였다.

1023년 3월 6일(양), 동여진의 추장 아로불과 서여진의 나알개가 내조(來朝, 지방의 신하가 조정에 와서 군주를 뵘)하였다.

1023년 4월 미상 여진말갈의 군두(群豆) 등 70여 인이 와서 말을 헌상하였다.

1023년 6월 5일 거란(契丹)의 마허저(麻許底) 등 13호가 내투(來投;귀순)하였다.

1023년 6월 20일(양) 거란의 대세노와 제화나 등 8인이 내투(來投, 귀순)하였다. 같은 날 여진의 추장 이우불이 내조하였다.

1023년 7월 21일(양). 거란이 태보(太保 정1품,총리급) 황신을 보내어 현종의 생신을 하례하였다.

9월 25일(양) 말갈의 수령 아령주가 내조(來朝)하였다.

10월 26일 거란(契丹)의 사신 율수상이 내빙(來聘)하였다.
10월 28일 거란의 동경사(東京使) 고인수(高仁壽)가 왔다.

12월 21일(양) 흑수(黑水)의 추장(酋長) 야힐라(耶肹羅) 등이 내조
(來朝)하였다.
같은날 송(宋) 천주(泉州) 사람 진억(陳億)이 내투(來投 귀순)하였다.

내조(來朝, 지방의 신하가 조정에 와서 군주를 뵘)하였다.

「풍입송」에서처럼 외국에서 친히 달려와서 모두 귀순하여 사방의
변경이 편안하고 깨끗해지는 일이 연중 내내 이어졌다.

지금으로부터 천년 전 고려제국 1023년 한해는 내내 순조롭지만
은 않았다. 비가 오랫동안 오지 않아 기우제를 지냈다. 그랬더니 놀
랍게도 열흘 만에 단비가 내렸다.

5월 6일(음) 경진 남성(南省)의 뜰 가운데서 토룡을 만들고 무속
을 모아 비를 빌었다.
5월 16일(음) 비가 왔다.(庚寅 雨)

개인이든 나라든 잘 나갈 때도 항상 깨어있어야 한다. 고려제국

216

은 태평성대에 도취한 일부 타락한 지도층(고려시대엔 승려가 지도층인
사)에 대해 사헌대(지금의 공수처)라는 제도장치를 작동시켰다.

6월(음), 사헌대에서 여러 사찰의 승려들이 술마시고 음악 연주
하는 것을 금지하라고 건의하다
7월(음), 사원에서 술을 빚는 것을 다시 금지하였다.
ㅡ『고려사』지 제39권, 형법2 금령

2. '인본(人本)주의' 고려 시대···세 쌍둥이 아들 낳으면 '대박'

끝으로 천 년 전인 1023년 고려제국 황실에서도 민가에서도 새로
운 세대가 태어나는 경사가 일어났다.

8월 25일(음), 연덕궁에서 왕자가 태어나자, 왕기(王基)라는 이름
을 하사하였다.
12월 3일(음), 정융군(靜戎郡 지금의 순천시)의 백성 원효(元効)의
처가 한 번에 사내아이 세 명을 낳았다.

여기서 우리는 고려제국의 따뜻한 인본주의, 자상하고 치밀한 다
산정책 제도화와 행정, 섬세한 기록문화를 알 수 있다. 그렇다면 순
천시 세 쌍둥이 아이에겐 어떤 상이 내려졌을까?

『고려사』53권 지 제7권 오행1 수 사람 편에는 세쌍둥이 사내아
이를 낳은 사람에 관한 인적사항과 혜택이 상세히 기록돼 있다. 두

개만 예로 들어보자.

　1035년(정종 원년) 2월 진주의 백성 득렴의 처가 한 번에 사내아이 세 명을 낳았으므로 전례에 따라 세 아들에게 각각 쌀 40석을 하사하였다.

　'전례에 따라' 세 아들에게 각각 쌀 40석(80가마니) 모두 240가마니가 주어졌다.
　당시 현감(군수) 연봉이 겨우 쌀 네 가마니였으니, 이는 오늘날로또 1등 당첨된거나 마찬가지 초대박이 아닌가.

　1383년(우왕 9년) 5월 어떤 사비(私婢)가 한 번에 사내아이 세 명을 낳았으므로 쌀 20석씩을 하사하였다.

　쌀 20석 씩(40가마니)으로 줄인 까닭은 고려말이라 국가 재정 형편이 어렵고 세 쌍둥이를 낳은 자의 신분이 노비였기 때문이었으리라.
　그러나 시공을 비교해 생각해보라. 14세기 유럽의 농노들은 사람 취급을 받았는가? 19세기 중반까지도 흑인 노예를 동물 이하의 대우를 했던 미국은 어떠했는가?

　11세기 고려제국의 하드웨어인 정치·군사 행정력은 동아시아 최강 대제국이었다. 11세기 고려제국의 소프트웨어인 정신문화와 물

질문명은 상하귀천 남녀노소 차별 없이 모든 사람이 인간다운 생활
의 행복을 함께 누리는 세계 최고 선도국이었다.

2023년 코리아 공화국 대한민국이 부른다!
응답하라! 1023년 영광의 코리아 제국!

19.
新아방강역고 고려 제국

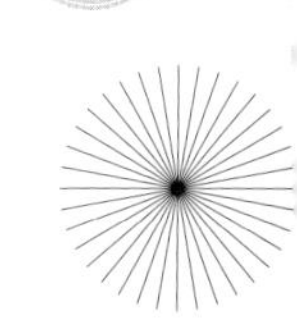

COREA 인문사회계 신(神)중심에서 인(人)중심으로 대전환
Copernicus 자연과학계 몽환상태에서 각성상태로 대전환
이 두 'C'가 결합하여 근대 유럽 문화와 문명을 탄생시켰다.
— 강효백, 『동양 스승 서양 제자』, 1992년 책 요지

근대 서양은 르네상스에서부터 개막된다. 르네상스란 뭘까? 중세의 문화를 한 말로 표현한다면 신중심(Theocentric)의 문화라 할 수 있는데 르네상스는 인간중심의 문화, 인본주의 곧 휴머니즘(Humanism) 문화이다.

휴머니즘의 '인문주의' 번역은 사실 일본이 19세기 말 탈아입구(脫亞入歐) 시대 어떻게 해서든지 중국의 것을 배제하기 위해 일본이 만든 신조어이다. 기가 막힌 사실은 아래한글에 '인본'을 한자변

환하면 ‘人本’은 나오지 않고 엉뚱한 ‘印本’만 나온다. ‘일’을 한자 변환하면 ‘一’보다 ‘日’이 제일 먼저 나온다. 그만큼 헬조선, 특히 인문사회계는 아직도 일제강점기다.

우선 먼저 기존의 서양우월사관이 지배하는 세계사 책 중에서 공통으로 열거하고 있는, 왜 이탈리아에서 르네상스가 맨처음 발생했는가의 그 배경과 원인을 기술해 보기로 한다.

① 이탈이아는 고대 로마제국의 중심지이다. 따라서 고전문화를 추모하는 정서가 유럽의 어느 나라보다 유달리 강했고, 고전을 손쉽고도 풍부하게 얻을 수 있어 이를 연구하는 데 편리했다.

② 문화의 진흥에는 후원자가 필요하다. 이탈리아 르네상스의 기둥이 된 군주제후, 또는 교황은 문학과 예술가 중심의 휴머니스트의 활동을 적극 지원했다.

③ 르네상스인은 개성을 존중하고 모든 학문과 예술에 능한 보편인간을 이상적 인간으로 알았다.

다빈치, 미켈란젤로, 라파엘로 등 몇몇 천재들에 의해 르네상스는 무에서 유를 창조하듯 홀연히 태어났다.

④ 이탈리아 지리적 위치는 지식과 문화의 교류에서 매우 유리했다. 동로마제국과 빈번히 접촉했는데, 특히 15세기 들어 비잔틴 학자들이 이탈리아를 내왕하여 학술진흥을 자극했다.

위에서 알 수 있듯 기존 ‘서양사 = 세계사’는 르네상스와 이탈리아의 지리적 위치를 언급할 때 가장 중요하고 명확한 몽골의 존재에 대해 일체 침묵하고 있다. 우회적으로 동로마제국에 대해서만 언급하고 있다. 동로마가 로마의 명맥을 회상시켜 줄 수 있는 유일한 끈이기 때문이다.

그러나 우리는 이 위대한 서양근대문명의 부활지, 이탈리아의 지리적 위치를 주목해야만 한다. 첨부 지도와 같이 이탈리아 국경과 근접한 몽골의 식민제국 킵차크한국을 보라!

유럽인들은 생각하기조차 두려운 약탈자 몽골의 군대편성은 아주 간단했다. 몽골군대는 기마병이었는데, 실제 말이 반 이상으로 편성된 그 기병은 강철같은 지구력과 훈련을 결합한 기동성 높은 군대였다. 몽골군의 특장은 한 낱말로 '속도'였다. 몽골군의 주요전략 전술은 적의 군인이나 민간인(특히 남자)과 개나 고양이, 심지어는 적의 말들이 먹을 잡초가 우거진 초원까지 남기지 않고 철저히 부수는 질풍노도의 청야(淸野)작전이었다.

서양인들이 황인종을 두려워하는 까닭을 단 한 개의 키워드로 표현하면 '몽골'이다.

지금 서양인들은 현재의 G2 중국을 과거의 몽골로 보고 있다.

1999년 12월 뉴밀레니엄을 앞두고 〔타임〕지와 〔워싱턴포스트〕지는 지난 1000년간 가장 위대한 인물로 징기스칸을 선정하였다.

징기스칸의 대표적인 공적으로 아시아와 유럽에 거대한 단일 제국을 만들어 동서양간에 무역과 문화교류가 활발하게 만드는 데 기여한 점을 평가했다.

징기스칸을 승계해서 칸이 된 오고타이, 즉 원태종(1229~1241)은 아버지의 유훈을 이어받아 남쪽 중국대륙으로 판도를 넓히는 남진정책을 펼쳤다. 동시에 오고타이 이복동생인 바투를 서방원정군 총사령관으로 임명해 서진정책을 펼쳤다. 키에프를 비롯 러시아의 주요 도시들을 점령하고 다시 폴란드의 크라코프(Krakow)까지 유린했다.

1241년 봄, 헝가리에서 몽골군은 당시 동부유럽이 모집할 수 있었던 최정예의 귀족과 기사, 그리고 보병대로 편성된 수십만의 대군을 패주시키고, 계속 진군하여 다뉴브 강변에 있는 동유럽의 중심 헝가리의 수도 부다페스크까지도 점령했다. 그해 겨울에는 지금의 크로아티아 남서부, 아드리아해 연안의 달마티아(Dalmatia)까지 진격했다. 마치 고양이가 쥐를 노리듯 호시탐탐 이탈리아와 프랑스 등을 노려보며, 다뉴브강과 아드리아해안에 주둔하고 있었다. 이제 유럽의 나머지 부분의 완전 석권을 눈앞에 둔 순간이었다.

이토록 동서 인류사의 운명을 판가름할 수 있었던 결정적인 순간에 오고타이 원태종이 사망했다. 바투는 몽골에서 열리는 후계자 선정 회의에 소집되었다. 유럽 정복을 눈앞에 그때였다. 적통이 아니라 후계자가 될 가능성이 거의 없다고 판단한 바투는 주력군 사령관 수보타이장군을 대신 몽골에 돌려보냈다. 자신은 볼가강 하류에 머물며 신도시 사라이(Sarai, 현 카스피해 북쪽 해안 아스트라한(Astrakhan)를 건설하여 킵차크한국(Kipchak Khanate 1243~1480년)을 세웠다.

킵차크한국은 황금의 장막으로 만들었다는 금장한국(金帳汗國, Golden Horde)이라고도 한다.[55]

킵차크한국의 판도는 오늘날의 카스피해와 흑해 및 유럽 동북부 지역, 즉 키르키스 초원을 중심으로 한 남러시아 일대인데, 서는 도나우(Donau, 다뉴브)강 하류, 동은 아르피스강(러시아와 중국 신장성 경

---

[55] 문협은 이 대목에서 우리나라의 현재 국호 대한민국의 '한'(韓)이나 고대의 마한 진한 변한의 삼한시대의 '한'도 원래는 몽골어 칸(汗, Khanate, Horde)을 중화사대사관에 의해 한자로 변조 표기되어 온 것이 아닐까 하는 강한 합리적 의문이 든다. 이러한 근본적 문제에 대한 학계의 자주적이고도 실증적인 역사관에 기초한 심층 연구를 촉구하는 바이다(문협 학습기본법 제1조: 학문은 세상의 모든 마침표를 물음표로 바꾸는데서 시작한다. 제2조 1항: 나는 의문한다, 고로 존재한다. 참조).

224

계), 남은 캅카스(Kavkaz), 북은 카자흐의 발하슈 지역까지 광활한 지역을 포괄하였다. 러시아의 여러 공국은 대개가 킵차그한국에 복속되었다.

바투는 아랄해 동북부 지방을 형 오르다에게 할양하여 백장한국(白帳汗)을, 그 이북지방을 동생 셰이반에게 할양하여 청장한국(靑帳汗)을 각각 세웠으나, 실제로는 여전히 바투의 치하에 있었다.

킵차크의 수도는 사라이로, 유럽 중세 시대 가장 큰 도시였다. 바투 칸은 계속 볼가 중부와 남부, 하레즘과 아제르바이잔 사이의 코카시아 지방, 킵차크 스텝 지역을 정복했다.

1257년 바투가 죽자 동생인 베르케가 제2대 칸에 즉위했다. 베르케는 이슬람을 받아들인 최초의 몽골 통치자였다. 베르케는 이집트의 술탄 바이바르스와 동맹을 맺고 1262년 페르시아와 이라크, 소아시아 등을 차지하고 있던 훌라구를 공격해 그 영역을 정복했다.

킵차크한국의 몽골군은 적군의 성을 점령하면 남자는 갓난아이부터 노인에 이르기까지 하나도 빠짐없이 살륙하고, 여자는 연령과 귀천여부에 관계없이 강간한 후 목숨만 살려두었다.

킵차크한국은 약 240년에 걸쳐 러시아와 동유럽을 식민통치하면서 슬라브족, 게르만족, 카자크족 등 제 민족들을 몽골족을 중심으로 강제 혼혈시켰던 것이다.

대원제국의 4대 식민통치령인 킵차크한국, 오고타이한국, 차카타이한국, 일한국 중 가장 오래 존속한 한국은 킵차크한국이다. 대원제국이 1368년에 멸망한 후에도 100여 년간 존속했다.

킵차크한국은 1480년에 모스크바 대공 이반 3세에 의해 멸망했으나 킵차그한국의 자치령이었던 아스트라 칸국(1466~1557), 카잔 칸국(1445~1552), 크리미아 칸국(1430~1783), 우즈벡 칸국은 계속 존속하며 러시아와 동유럽, 중동 일대를 통치했다.

동서문화의 교류는 바로 이러한 몽골족의 세계제국의 성립에서 비롯되었다. 그리고 한가지 분명한 사실은 동북아에 대한 서방문화의 영향은 거의가 인도와 중동권역의 문화였다는 점이다. 당시 미개상태였던 유럽의 것은 기독교 외에 하나도 없었다 해도 과언이 아닐 정도로, 국부적이거나 일시적인 것에 지나지 않았다. 질풍노도의 몽골 군사력이 유럽에 전해준 인본주의 중심의 동북아문화는 결정적인 것으로 오래 널리 지속되었다.

특히 킵차크한국의 몽골족은 강력한 군대와 기동력으로 당시 야만사회나 다름없는 서양을 쑥대밭으로 만들어 놓은 뒤, 200~300년간 그들과 국경을 접하고 있었던 지금의 독일, 오스트리아, 헝가리, 이탈리아에게 압도적으로 개명했던 극동의 선진문화를 전달해주었던 것이다.

몽골족이 지배하는 원나라 때의 항저우(杭州)의 인구는 100만을 넘는 대도시였다. 첸저우는 세계 제1의 무역항으로 번영하였다. 베이징에서 항저우와 다시 첸저우(泉州, 고려의 벽란도와 이집트의 알렉산드리아에 이은 세계 3대항구)에서 인도차이나 반도를 두르고 인도양을 거쳐 페르시아의 호르무스에 이르는 해상 실크로드가 구축되어 있었다.

1245년 이탈리아인 선교사 지오반니 카르피는 교황특사의 자격으로 몽골제국을 방문했다. 그를 이어 윌리암 드 뤼브키는 1253년에 교황과 프랑스국왕 루이 9세의 친서를 대원제국 제4대 헌종 몽케에 바쳤다.

지오반니 몬테코르비노는 5대 원세조 쿠빌라이(재위 1260~1294, 고려를 복속한 대칸) 때 로마교황의 명령을 받고 해상실크로드로 중국에 와서, 베이징에 교회를 세웠다. 그는 중국 총주교의 신분으로 약

30여년이나 기독교를 포교했는데 그가 남긴 서신은 동서교류사의 중요 문헌이다.

역시 이탈리아 선교사 오도리코 드 파르테노네는 교황의 원라라 파견 마지막 선교사로 발탁되어 베이징에 도착했으나 그때 원나라는 이미 쇠망해 가고 있어 정세가 불안한 상태였기 때문에 부득불 이탈리아로 돌아가고 말았다.

르네상스 전야인 13~14세기 유럽에 가장 큰 영향을 끼친 인물은 이탈리아 베니스의 마르코폴로(1254~1324)이다. 그는 20년이 넘는 긴 세월 동안, 몽골이 지배하는 원나라에서 쿠빌라이 대칸의 총애를 받으면서 관리로서 중국 전역을 돌아다미녀 직접 보고 들은 걸, 『동방견문록』이라는 책으로 남겼다. 마르코 폴로는 1324년 숨을 거두면서 이렇게 말했다.

"나는 내가 본 것의 절반도 이야기하지 못했다."

독일의 중국학자 볼프강 프랑케는 "『동방견문록』은 세계사상 가장 중요한 여행기일 뿐만 아니라 매우 귀중한 동서문화교류사"라고 높게 평가했다.

『동방견문록』은 암흑시대 당시 보이지 않는 신의 노예였던 유럽인들이 미처 생각지도 못한 완전한 새로운 세계를 소개하여 주었다. 마르코폴로는 몽골제국의 하드웨어 속의 동북아의 인본주의 문화를 묘사했다. 당시 몽골제국은 세계사상 판도가 가장 넓은 정치 군사적으로 세계 최대 최강 국가 몽골제국이 흡수한 제도, 학술, 문화는 송나라 시대였다. 비록 송나라는 문약했지만 학술과 문화적으로는 최전성을 누린 왕조였던 까닭이었다. 마르코 폴로는 당시 세계 유일 초강대국(지금의 미국과 중국을 합친것보다 더 크고 강력한) 몽골의 대원제국의 정치, 조세, 화폐제도 및 광활한 대륙의 방방곡곡을 거미줄처럼 연결한 교통역참제도를 비롯한 온갖 새롭고 귀한 것들을 유럽세계에 보고했다.

따라서 마르코폴로는 동양사회가 최고로 전성을 이루고 있던 시절, 최고품질의 하드웨어(몽골의 정치 군사)와 소프트웨어(인본주의에 기반을 둔 송나라의 학술, 문화)를 동시에 당시 암흑시대의 유럽에 알려준 셈이다.

이처럼 기독교 여러 종파 소속의 전도사와 마르코 폴로의 견문록은 이탈리아 반도에 르네상스의 맹아를 싹트게 한 중요한 자양분이었다.

"2천년 동안 동양은 주었고 서양은 받았다. 18세기까지 서양은 동양에 줄 것이 없으므로 그것은 당연했다."

모리스 진킨이 한 이 말은 의미심장한 뜻이 있다.

그렇다면 왜 근대 유럽의 생명의 불씨인 르네상스의 원인에 서양 각국의 세계사는 물론 중국에서 출판한 세계사조차 몽골의 영향을 기록하지 않는 이유는 무엇일까?

첫째, 몽골의 세계 정복과정에서 보인, 그 가공할 잔학성과 철저한 절멸정책이 피정복민의 피와 뼈에 사무친 원한을 갖게 한데 있다.

둘째, 현재 몽골인민공화국의 약세이다. 몽골의 비옥하고 윤택한 지역 알짜 내몽골은 현재 중국의 한 자치구로 전락해 있는 상태다. 오로지 외몽골 즉 몽골인민공화국은 현재 국제사회에 미치는 영향력이나 발언권이 거의 전무한 상태다.

몽골인민공화국은 러시아와 중국사의 내륙국으로 국토 면적은 약 156만㎢로 남한 면적의 15배 이상이나 인구는 겨우 2백만을 넘어 1㎢당 인구 1.26명에 불과하다. 21세기 해양시대에 맹지나 다름 없는 내륙국에다 국토면적 대비 인구 최과소국이라는 치명적 약점을 지니고 있다.

따라서 지금 몽골은 대원제국 시대의 영예는 자도 찾을 수 없는 만큼 미미한 존재로 전락되어 있다.

전 세계가 꾀하는 세계사 속의 몽골 역사 매장이나 몽골 왕따 시키기 책략에 항변할 수 없는, 현재 몽골의 몰골이다.

고려의 인신평등 남녀평등

고대 그리스 로마와 중세유럽에서 여성은 인간 이하였다(예:마녀사냥). 그러던 유럽이 대원제국의 콘텐츠인 고려의 인신평등, 남녀평등, 휴머니즘을 접한 대충격은 인문사회계의 코페르니쿠스 대전환이라고 해도 모자랄 파천황 신세계였다.

고려시대 여성 인권은 21세기 한국은 물론 세계모든 국가의 여성 인권보다 높았으며 국법으로 강력한 보호를 받았다고 통찰분석했다.
— 고려사 84권 지38 형법 1(刑法 一)

• 남편이 아내를 구타하거나 죽일 경우 처벌하는 율문
남편이 아내의 머리카락을 뽑으면 장 60대(참고: 장 10대당 평균 즉사율 10%씩 증가), 남편이 아내를 구타하여 상처를 입힌 경우 장 80, 이빨 1개 이상을 부러뜨리면 장 90, 이빨 2개 이상을 부러뜨리면 장 100(즉사율 100%), 힘줄을 끊은 것 이상은 징역 1년, 사지를 부러뜨린 것 이상은 징역 2년, 2군데 이상을 상해하면 징역 3년, 구타하여 죽게 하였으면(폭행치사) 교수형, 고의로 죽이면(고의 살인) 참수형.

• 친형과 친누나를 구타하거나 욕질한 경우 처벌하는 율문

친형과 친누나[親兄姉]에게 욕한 경우는 장(杖) 100, 구타하면 도(徒) 2년 반, 상처를 입히면 도 3년, 부러뜨리는 상처를 입히면 유(流) 2000리(里), 사지(四肢)를 부러뜨리면 교형(絞刑), 죽게 하였으면 참(斬)하며, 실수로 상처를 입히면 각각 본래의 상죄(傷罪)에서 2등급을 감한다.

• 형의 처나 남편의 동생과 누이를 구타한 경우 처벌하는 율문

형의 처나 남편의 동생과 누이[弟妹]를 구타한 경우, 수족(手足)을 구타한 경우 장(杖) 70, 머리카락을 뽑은 것 이상은 장 90, 다른 곳에 상처를 입히면 도(徒) 1년, 이 1개 이상을 부러뜨리면 도 1년 반, 2개 이상을 부러뜨리는 것은 2년, 힘줄을 손상시킨 것 이상은 도 2년 반, 사지(四肢)를 부러뜨린 것 이상은 유(流) 2000리(里)이며, 2가지 이상이면 유 3000리, 죽게 하였으면 교형(絞刑), 상처를 입히지 않았다면 태(笞) 50이며, 첩(妾)이 범하면 1등을 더한다.

• 사촌형과 사촌누나를 구타한 경우 처벌하는 율문

사촌형과 사촌누나[堂兄姉]를 구타한 경우는 도(徒) 1년 반, 이를 부러뜨린 것 이상은 도 3년, 힘줄을 끊은 것 이상은 유(流) 2000리(里)이며, 두 가지 이상이면 교형(絞刑), 잘못하여 상처를 입힌 경우에는 본래의 상죄(傷罪)에서 2등급을 감한다.

20.
남녀평등과 휴머니즘의 유토피아
고려 제국 — 형벌제도

1. 발췌

수감 중인 부인이 해산이 임박할 경우 출옥을 허락하는 율문

부인으로서 구금 중에 있는 사람이 해산달이 임박한 자는 보(保)를 세우고 출옥을 허락한다. 그 부인이 지은 죄가 사죄(死罪)는 산후 만 20일로 하며, 그 부인이 지은 죄가 유죄(流罪) 이하이면 만 30일로 한다.

사형수가 상당했을 때 대악이나 반역 이상의 죄가 아닐 경우 휴가를
주는 율문

사죄(死罪)를 범하고서 구금 중에 있는 사람이 범한 죄가 악역(惡
逆) 이상이 아닌데, 부모의 상·남편의 상·조부모의 상을 당한 승중
자(承重者)이면 휴가 7일을 주어 애도 할 수 있게하고, 유죄(流罪)나
도죄(徒罪)를 범한 사람이면 휴가를 30일 주되, 보(保)를 세우고 출
옥하게 한다.

유배지나 이배지로 가는 도중 죄인이 부인의 해산, 조부모나 부모의
상 등을 당했을 경우 휴가 주는 율문

유배를 가거나 이배(移配)를 가는 도중에 부인이 해산하는 경우
에는 모든 가구(家口)에 휴가 20일을 주고, 딸과 여자 종〔婢〕의 경우
는 휴가 7일을 준다. 만약 본인이나 가구가 병에 걸리거나 혹은 도
적을 만났거나, 나루에 물이 불어나 갈 수 없는 경우는 근처의 관청
에서 매일 갈 수 있는지를 조사하여 갈 수 있다면 즉시 가도록 한
다. 만약 조부모나 부모의 상을 만났으면 휴가 15일을 주며, 가구
중에 죽은 자가 있으면 휴가를 7일 준다.

봉양할 사람이 없는 나이 70세 이상의 부모가 있을 경우 범죄자를
유배 보내지 않고 남아 봉양케 하는 율문

나이 70세 이상의 부모가 지켜주고 보호해 줄 다른 사람이 없는
경우인데 그 자식이 죄를 범하여 마땅히 섬에 유배되어야 하는 자

는 그대로 머물며 부모를 봉양하도록 하게 한다.

2. 사례집

1131년, 죄수 신문에서 날짜의 지연과 가벼운 범죄자의 고문을 금지한다고 규정하다

인종(仁宗) 9년(1131) 판(判)하기를, "죄인을 고문하여 신문하면서[拷訊] 가지가지 방법으로 몽둥이로 난타하거나 찔러서 죄인으로 하여금 그 고통을 참지 못해 거짓으로 자백하게 하거나 죽게 만들고 있으니, 지금부터는 죄수를 신문할 때에는 감히 시간을 지연시키지 말 것이며 가벼운 죄를 범한 자는 법에 어긋난 고문을 사용하지 말 것이다."라고 하였다.

1136년 5월 미상 소를 죽인 죄를 살인죄에 준해 논죄해서는 안된다고 하다

인종(仁宗) 14년(1136) 5월 조서를 내리기를, "지금 법관(法官)이 소를 죽인 자를 논하면서 살인한 죄에 준하여 얼굴에 문신을 새겨[鈒面] 섬에 유배시키는데, 이는 율문(律文)의 본뜻이 아니니, 지금부터 본래의 죄에 따라 벌을 주라."라고 하였다.

1136년 5월 미상 옥바라지 할 사람이 없는 죄수들에게 관청에서 장속전으로 받을 돈을 지급해 주도록 하다

인종(仁宗) 14년(1136) 5월 판(判)하기를, "옥바라지 할 사람이 없는 죄수들에게는 관청에서 장속전(贓贖錢)을 지급하여 그것으로 밥을 먹이도록 한다."라고 하였다.

1138년 80세 이상 노인과 독질자는 살인죄를 범하여도 섬으로 유배하도록 하다

인종(仁宗) 16년(1138) 판(判)하기를, "80세 이상의 사람 및 극심한 질병[篤疾]에 걸린 사람은 비록 살인죄를 범하였더라도 장형(杖刑)을 면제하고 섬으로 유배한다."라고 하였다.

1188년 3월 미상 도적과 살인범을 제외한 죄수들은 재판 후 빨리 방면하도록 하다

명종(明宗) 18년(1188) 3월 제서를 내리기를, "도적과 살인한 자를 제외하고 그 나머지 죄수들은 공정하게 판결하고 방면하여 감옥에 오래 갇혀 있지[滯獄] 않게 하라."라고 하였다.

1145년 4월 미상 원통한 옥사를 조사해 모두 방면하게 하다

명종(明宗) 23년(1193) 4월 조서를 내리기를, "최근에 형벌을 담당한 관리가 맡은 바 직무를 다하지 못하여 죄가 없는 민(民)들로 하여금 오랫동안 감옥에 있게 함으로써 원통함과 억울함을 풀 수 없게 하고 있다. 이 때문에 천문현상[乾文]들이 순서를 잃고 시령(時令)이 조화를 잃게 되니, 훗날 장차 어떠한 변란이 발생할지 알수 없다. 헌대(憲臺)로 하여금 억울한 옥사를 잘 살피고 조사해 모두 풀어주도록 하라."라고 하였다.

1357년 12월 미상 도평의사사와 어사대로 하여금 형벌을 잘못 사용한 자들을 처벌하여 보고하도록 하다

공민왕(恭愍王) 6년(1357) 12월 왕이 말하기를, "사람의 목숨은 지극히 귀중한 것으로 끊어지면 다시는 이어질 수 없다. 듣건대 판결을 내리는 관리[決事官]가 법을 어기고 혹독한 형벌을 가하여 사람을 죽게 만드는 경우가 많다고 하니, 지금부터 법을 어기고 형벌을 가한 자는 도평의사(都評議使)와 어사대(御史臺)가 벌을 준 다음 아뢸 것이며, 형부(刑部)의 중형(重刑)은 옛 제도에 의거하여 신문(申聞)하도록 하라."라고 하였다.

1363년 5월 미상 죄수의 판결을 신속하고 공정하게 하도록 하다

공민왕(恭愍王) 12년(1363) 5월 교서(教書)에 이르기를, "형벌이 공정함을 잃으면 민(民)들의 원망이 쌓이게 되는 바이니, 지금부터 서울과 지방의 죄수들을 억울함과 지체됨이 없도록 하고, 날짜를 정해 처리하도록 하여 공평하고 타당함을 이루도록 하라."라고 하였다.

1363년 5월 미상 밀직제학 백문보가 계절과 죄의 경중에 따라 죄수의 방면과 감형 및 판결시기 등을 건의하다

공민왕(恭愍王) 12년(1363) 5월 밀직제학(密直提學) 백문보(白文寶)가 차자(箚子)를 올려 말하기를, "봄은 기쁨의 신[喜神]이 되며 가을은 노여움의 신[怒神]이 되는데, 만약 기쁨의 신을 한번 거스르면 한 해의 농사를 망치게 됩니다. 바야흐로 봄과 여름의 때에는 가벼운 형벌을 받은 죄수는 마땅히 방면하시고, 중형을 선고받은 죄수도 또한 마땅히 정상을 참작하여 등급을 낮추어 판결하고 집행하여[量決] 3~4월까지는 신속하게 내보내십시오. 5~6월에는 형의 판결을 정지하시고, 사형[大辟]의 경우 겨울철을 기다리시되,

사직(社稷)을 위태롭게 만들기 위해 모의한 것은 이 제한 안에 두지
마십시오."라고 하였다.

1371년 12월 미상 장형과 속전의 병행을 금지시키고 유배 중인 죄수의 중도 살해를 단죄하도록 하다

공민왕(恭愍王) 20년(1371) 12월 교서(敎書)에 이르기를, "형벌은
사형이 아니더라도 백성들에게는 지극한 괴로움이 된다. 최근에 서울
과 지방의 관리들이 거듭 형벌을 신중하게 적용하지 않아 이미 장형
(杖刑)을 집행하고 또 속전(贖錢)까지 받으니 민들이 어떻게 이것을
감당하겠는가? 지금부터 장형과 속전을 병행하지 못하도록 하고, 만
약 이를 어기는 자가 있으면 어떤 사람이라도 관청에 나가 고소하는
것을 허락할 것이며, 징수한 금액의 배를 돌려줄 것이다. 형벌에는 명
확한 조례(條例)가 있으니 무거운 죄를 가볍게 하거나 가벼운 죄를 무
겁게 하거나 죄를 덜어내거나 덧붙여서는 안 될 것이다. 역신(逆臣)이
권력을 잡은 뒤부터 태형(笞刑)과 장형을 쓸 때마다 반드시 사람들을
겁먹게 만들었으며, 이미 관직에서 쫓아낸 다음에는 압송하는 사람에
게 은밀하게 부탁하여 가는 도중에 그 사람을 죽이게 하였으니, 아주
참혹하고 악독한 일이었다. 지금부터는 서울과 지방의 법을 담당한
관리 중에 감히 이러한 일을 벌인 자가 있으면 도평의사(都評議使)가
신문하여 단죄하도록 하라."라고 하였다.

1375년 2월 미상 율문 이외의 형벌 사용을 금지하고 도역 만기자는 방면하도록 하다

우왕(禑王) 원년(1375) 2월 교서(敎書)에 이르기를, "형법은 성인
(聖人)이 신중하게 한 것으로, 삼대(三代) 이전에는 죄가 당사자 이

외에는 서로 미치지 않았으므로 형벌이 간단해지고 민(民)들도 범법을 저지르지 않았는데, 진(秦)나라가 엄한 법을 쓰자 도리어 다스려지지 않게 되었다. 도평의사(都評議使)로 하여금 사헌부(司憲府)·전법사(典法司)·도순문(都巡問)·안렴사(按廉使)에게 신칙(申勅)하게 하여 현재의 실정과 법을 상세하게 연구하게 하고 법규[用律] 외의 형벌은 사용하지 못하게 하라. 도역(徒役)에는 기한이 있으니 기한이 이미 찬 자는 방면하고, 금고(禁錮)하거나 천인(賤人)이 된 자도 또한 마땅히 철저히 따져 아뢰도록 하라."라고 하였다.

1376년 7월 미상 유배자의 죄의 경중을 참작해 석방하거나 편리한 데로 이배시키도록 하다

우왕(禑王) 2년(1376) 7월 우왕이 말하기를, "여러 주(州)에 유배된 사람들이 처자식과 남북으로 떨어져 사니 어찌 원망을 생각하지 않겠는가? 그 죄의 가볍고 무거움을 참작하여 사면할 만한 자는 석방하고, 사면할 수 없는 자는 편의에 따라 양이(量移)하되 처자식을 보내 함께 살게 하라."라고 하였다.

1376년 9월 미상 헌사의 건의에 따라 사신을 죽인 김의의 어머니와 처를 죽이지 않고 상주 관비로 삼다

우왕(禑王) 2년(1376) 9월 김의(金義)가 명(明)의 사신을 살해하고 원(元)으로 도망갔으므로 김의의 어머니를 순군(巡軍)에 내리고 장차 죽이려고 하였는데, 헌사(憲司)가 상언(上言)하기를, "김의가 비록 반역(叛逆)을 하였지만 부녀자가 무엇을 알겠습니까? 청하옵건대 죽이지 마십시오."라고 하니, 이에 김의의 어머니를 적몰(籍沒)하여 상주(尙州)의 관비(官婢)로 삼았다.

1380년 5월 미상 사형죄는 소재지의 관리가 도당에 보고하여 논의를 거친 다음 집행하도록 하다

우왕(禑王) 6년(1380) 5월 헌부(憲府)에서 상소하기를, "무릇 사형〔大辟〕은 반드시 세 번 복주(復奏)하고 임금과 신하가 함께 의논하여 판단을 내리는 것이 선왕(先王)께서 정하신 법〔成憲〕입니다. 그런데 지금 서울과 지방의 관리들이 사형을 판결하면서 모두 전하께 아뢰지도 않고 마음대로 결정하여 끝내는 죄가 없는 사람까지 죽게 만들고 조화로운 기운〔和氣〕을 손상시키고 있습니다. 청하옵건대, 지금부터는 서울과 지방의 사형은 소재한 곳의 관리가 모두 도당(都堂)에 보고하게 하고 도당에서 의논〔擬議〕을 한 뒤에 전하께 아뢰어 시행하게 하십시오."라고 하니, 우왕이 이 의견을 받아들였다.

1388년 6월 미상 장형과 속전의 병행 금지·도역 만기자의 석방 등을 지시하다

우왕(禑王) 14년(1388) 6월 교서(敎書)에 이르기를, "형벌의 가볍고 무거움은 당연히 정해진 법이 있는데, 근래에 서울과 지방의 관사(官司)에서 자기 마음대로 형벌을 높이거나 낮추어 평민(平民)들로 하여금 원통함과 억울함을 아뢸 곳이 없게 만듦으로써 자연의 좋은 기운〔和氣〕을 손상시키는 데까지 이르렀으니, 실로 가련하고 불쌍하다. 지금부터는 서울과 지방의 관사에서 민들을 가엾게 여겨 도움을 주는데 힘을 써 억울하고 원통하게 누명을 쓰게 되는 일이 없게 해야 할 것이다. 장형(杖刑)과 속전(贖錢)은 병행할 수 없게 하고, 도역(徒役)을 지고 있거나 관청에 적몰(籍沒)되어 노비(奴婢)가 된 자로서 연한(年限)이 이미 찬 자는 석방하여 돌려보내라."라고 하였다.

1389년 12월 미상 범죄자의 처자가 연좌되어 처벌당하는 일을 금지하
도록 하다

공양왕(恭讓王) 원년(1389) 12월 헌사(憲司)가 상소하기를, "『서
경(書經)』에 이르기를 '벌은 자손에게 미치지 않는다.'라고 하였고,
『전(傳)』에는 '사람에게 벌을 주되 처자식에게는 하지 않는다.'라고
하였습니다. 그러므로 순(舜)임금은 곤(鯀)을 추방하였으나 곤의 아
들인 우(禹)를 재상으로 삼았으며, 무왕(武王)은 주(紂)를 죽였으나
주의 아들인 무경(武庚)을 책봉하였으니, 이러한 것은 곧 천지가 만
물을 기르는 마음인 것입니다. 최근에 이르러 사람을 죽이기를 밥
먹듯이 예사로 하며, 다른 사람의 가족을 모조리 죽이고도 그 후손
이 있을까 두려워하니 어질지 못함이 극심합니다. 원하옵건대 지금
부터는 무릇 죄가 있는 자라도 삼대(三代)의 덕이 높은 임금들의 제
도를 본받아 처자식이 연좌됨이 없게 함으로써 남의 불행을 차마
두고 보지 못하는 훌륭한 나라의 선한 정치를 보이십시오."라고 하
였다.

1392년 3월 미상 죄수들이 질병으로 사망하지 않도록 감옥 관리를 철
저히 하도록 하다

공양왕(恭讓王) 4년(1392) 3월 헌사(憲司)에서 상소하기를, "전옥
(典獄)은 죄인들이 모이는 곳으로 나쁜 기운이 스며들고 더럽혀져
질병이 쉽게 발생하기 때문에 죄수들이 자기의 죄 때문이 아니라
이것 때문에 죽으니 매우 불쌍합니다. 바라옵건대 의관(醫官) 1명을
6개월마다 교대로 근무하게 하여 전옥을 전적으로 담당하게 하고,
매일 병이 든 죄수들의 증상을 살펴 약을 지어 치료하게 하심으로
써 느닷없이 죽는 것에 대비하게 하십시오. 또한 형조(刑曹)의 정랑

(正郞)이나 좌랑(佐郞) 1명을 절기마다 제뢰관(提牢官)으로 내려 보
내 옥관(獄官)과 의원이 성실하게 근무하는지 불성실하게 근무하는
지를 조사하게 하시옵소서."라고 하였다.

☞ 「고려사」 편집위원 & 집필진(수사관; 修史官) 32인 총명단

1. 정헌대부 공조판서 집현전 대제학 지경연춘추관사 겸 성균대사성(正憲大夫 工曹判書 集賢殿大提學 知經筵春秋館事 兼 成均大司成) 정인지(鄭麟趾)

2. 가선대부 중추원부사 동지춘추관사(嘉善大夫 中樞院副使 同知春秋館事) 김조(金銚)

3. 가선대부 예문관제학 동지춘추관사 세자좌부빈객(嘉善大夫 藝文館提學 同知春秋館事 世子左副賓客) 이선제(李先齊)

4. 통정대부 집현전부제학 지제교 경연시강관 겸 춘추관편수관(通政大夫 集賢殿副提學 知製敎 經筵侍講官 兼 春秋館編修官) 정창손(鄭昌孫)

5. 통정대부 집현전부제학 지제교 세자좌보덕 겸 춘추관편수관(通政大夫 集賢殿副提學 知製敎 世子左輔德 兼 春秋館編修官) 신석조(辛碩祖)

6. 통정대부 사간원좌사간대부 지제교 겸 춘추관편수관(通政大夫 司諫院左司諫大夫 知製敎 兼 春秋館編修官) 최항(崔恒)

7. 과의장군 호분시위사상호군 겸 지병조사 춘추관편수관(果毅將軍 虎賁侍衛司上護軍 兼 知兵曹事 春秋館編修官) 노숙동(盧叔仝)

8. 중훈대부 집현전직제학 지제교 세자좌필선 겸 춘추관기주관(中訓大夫 集賢殿直提學 知製敎 世子左弼善 兼 春秋館記注官) 이석형(李石亨)

9. 중훈대부 집현전직제학 지제교 세자우보덕 겸 춘추관기주관

지승문원사(中訓大夫 集賢殿直提學 知製敎 世子右輔德 兼 春秋館記注官 知承文院事) 신숙주(申叔舟)

10. 중훈대부 예문관직제학 겸 춘추관기주관(中訓大夫 藝文館直提學 兼 春秋館記注官) 최덕지(崔德之)

11. 봉정대부 직집현전 지제교 세자우필선 겸 춘추관기주관(奉正大夫 直集賢殿 知製敎 世子右弼善 兼 春秋館記注官) 어효첨(魚孝瞻)

12. 봉렬대부 직집현전 지제교 세자우필선 겸 좌중호 춘추관기주관(奉列大夫 直集賢殿 知製敎 世子右弼善 兼 左中護 春秋館記注官) 김예몽(金禮蒙)

13. 봉렬대부 성균사예 지제교 겸 춘추관기주관(奉列大夫 成均司藝 知製敎 兼 春秋館記注官) 김순(金淳)

14. 통덕랑 집현전교리 지제교 세자우문학 겸 춘추관기주관(通德郞 集賢殿校理 知製敎 世子右文學 兼 春秋館記注官) 양성지(梁誠之)

15. 통선랑 집현전교리 지제교 경연부검토관 겸 춘추관기주관(通善郞 集賢殿校理 知製敎 經筵副檢討官 兼 春秋館記注官) 이예(李芮)

16. 봉직랑 수이조정랑 겸 춘추관기주관(奉直郞 守吏曹正郞 兼 春秋館記注官) 김지경(金之慶)

17. 봉직랑 수성균직강 겸 춘추관기주관(奉直郞 守成均直講 兼 春秋館記注官) 김윤복(金閏福)

18. 승의랑 수집현전부교리 지제교 세자우사경 겸 춘추관기사관(承議郞 守集賢殿副校理 知製敎 世子右司經 兼 春秋館記事官) 이극감(李克堪)

19. 승의랑 집현전수찬 지제교 경연사경 겸 춘추관기사관(承議郞 集賢殿修撰 知製敎 經筵司經 兼 春秋館記事官) 윤기견(尹起畎)

20. 승의랑 공조좌랑 겸 춘추관기사관(承議郞 工曹佐郞 兼 春秋館記

事官) 박원정(朴元貞)

21. 승의랑 성균주부 겸 춘추관기사관(承議郞 成均注簿 兼 春秋館記事官) 김명중(金命中)

22. 진용교위 행우군섭부사직 겸 승문원부교리 춘추관기사관(進勇校尉 行右軍攝副司直 兼 承文院副校理 春秋館記事官) 조근(趙瑾)

23. 선교랑 수성균주부 겸 중부유학교수관 춘추관기사관(宣敎郞 守成均注簿 兼 中部儒學敎授官 春秋館記) 홍우치(洪禹治)

24. 선교랑 수승문원부교리 겸 춘추관기사관(宣敎郞 守承文院副校理 兼 春秋館記事官) 예승석(芮承錫)

25. 선교랑 집현전부수찬 지제교 경연사경 겸 춘추관기사관(宣敎郞 集賢殿副修撰 知製敎 經筵司經 兼 春秋館記事官) 윤자운(尹子雲)

26. 선교랑 사섬주부 겸 춘추관기사관(宣敎郞 司贍注簿 兼 春秋館記事官) 효장(李孝長)

27. 선무랑 수성균주부 겸 서부유학교수관 춘추관기사관(宣務郞 守成均注簿 兼 西部儒學敎授官 春秋館記事官) 이인전(李仁全)

28. 선무랑 행예문봉교 겸 춘추관기사관(宣務郞 行藝文奉敎 兼 春秋館記事官) 유자문(柳子文)

29. 무공랑 예문봉교 겸 춘추관기사관(務功郞 藝文奉敎 兼 春秋館記事官) 전효우(全孝宇)

30. 통사랑 예문대교 겸 춘추관기사관(通仕郞 藝文待敎 兼 春秋館記事官) 김용(金勇)

31. 통사랑 행예문검열 겸 춘추관기사관(通仕郞 行藝文檢閱 兼 春秋館記事官) 한서봉(韓瑞鳳)

32. 통사랑 행예문검열 겸 춘추관기사관(通仕郞 行藝文檢閱 兼 春秋館記事官) 오백창(吳伯昌)

역대 한국 역사서 등급

특1급 :기전체 정사

삼국사 고려사

특2급 편년체 정사
조선왕조실록 고려사절요 동국통감

1급 관찬사료
국조보감 승정원일기

2급 역사지리지
아방강역고 동국지리지

3급 사찬사서 삼국유사
동사강목 열조통기

4급 유설 기술 사설
지봉유설 연려실기술 성호사설

5급 잡기 야담
패관잡기 파한집 보한집 어우야담 등

급외 위서: **환단고기**
단기고사 격암유록 천부경
화랑세기 규원사화등

244

5000년 한국사중 4500년간 한국사
날조(BC30세기 -918) 은폐(918-1392) 금단(1863-1910)
블라인드

날조	은폐	역사	준금단	금단
블라인드	블라인드	단 일본이 조작한 범위내 허용	블라인드	블라인드 대한제국
고대사 BC30세기- AD918	중세사 고려제국 918-1392	근세사 조선 1392-1863	고종전기 1863-1897 블라인드	1897-1910 대한제국 역사 자체를 말살
엘로우존 삼한민족사관 [삼국사] 사대사관으로 허위사실 유포조작 일본제작 위서 [일본서기] [환단고기]로 대체	블랙존 삼한민족사관 [고려사] [고려사절요] [동국통감] 등 조선관찬대표 정사 보물이하로 매장 은폐	그린존 중화사대사관 [태조실록] ~ [철종실록]	세미레드 삼한민족사관 [고종실록] 조선왕조실록 제외	레드존 대한 민족사관 [고종실록] [순종실록] 조선왕조실록 제외

한국 기전체 정사 [삼국사] [고려사] VS 일본 신화 위서 [일본서기] [환단고기]

	삼국사	고려사	일본서기	환단고기
서지학 분류	기전체 정사	기전체 정사	편년체 정사	사찬 야사
사관	삼한통일민족	삼한통일민족	왜의 삼한지배론	일선동조론
출간주체	고려황실	조선왕실	헤이안 왕실	?
출간지시	인종황제	태조태종세종	덴무일왕	?
저자	김부식 등 30여 명	정인지 등 300여명	도네리친왕 10여명	계연수(?신원미상) 가지마 노보루
저작 기간	20년	60년	8년	?
출간 시기	1145년	1451년	720년	1982년
출간 지역	한국 개성	한국 서울	일본 교토인근	일본 도쿄
사실 기록	사실10	사실10	신화7,사실3	허구8,사실2
세계 보편적 평가	한국 最古정사	세계최고수준 정사	기본적으로 윤색,신화집	판타지 소설 위서
한국에서의 취급	중화사대사관 사서로 폄훼	보물 이하로 처박아 둠	한국강단사학계 의 교과서	한국재야사학 계의 교과서

[환단고기] 4대 원천 기본서: 가시마 노보루鹿島曻 등
극우 일본인 작가 설립, 신국민사 등 극우출판사 출간 1982년-1990년

- 가시마 노보루역 1982, 『환단고기 실크로드 흥망사』, 역사와 현대사
- 鹿島曻訳、1982、「桓檀古記　シルクロード興亡史」、歴史と現代社
- 가시마 노보루, 1988, '환단고기 바빌론에서 온 민족', 역사독본
- 鹿島曻、1988、「桓檀古記バビロンから来た民族」、「歴史読本
- 가시마 노보루 1990, 『환단고기요의 日韓민족 공통 고대사』, 신국민사
- 鹿島曻、1990、「桓檀古記要義　日韓民族共通の古代史」、新国民社
- 다나카 카츠야, 1986, 「이단 일본 고대 사서의 수수께끼」, 야마토 서방
- 田中勝也、1986、「異端日本古代史書の謎」、大和書房

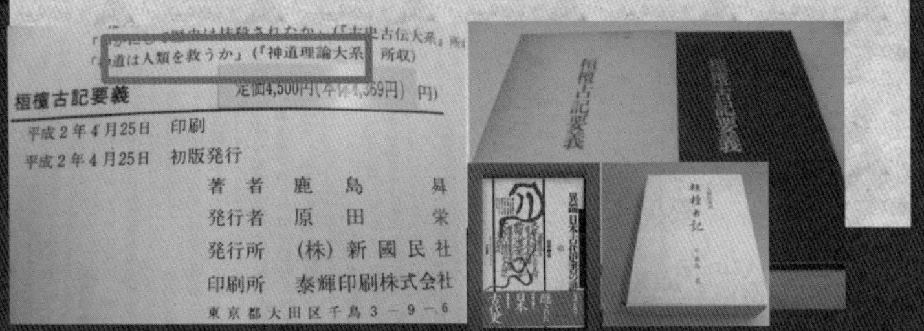

	동국대지도(1758)	대동여지도(1934)
최대 특징1	만주는 **한국땅**	만주는 *일본땅*
최대 특징2	4천리 大韓영토	*3천리 小韓영토*
제작,유포자	정항령 홍양한 영조	*김正浩마사히로?* 조선총독부 일식이름실존여부 미상, 가공인물
제작 시기	1750년-1758년 영조실록 명기	**1934년** 日괴뢰 만주국 초기 조선총독부, <조선어독본> 등장
지도 위상 평가	1750-1910년 조선-대한제국 대표지도	1934년 이전 존재감 없음 1934년-현재 조선대표지도 둔갑
판도 표기	길림 흑룡강 요동 만주 대 부분 연해주 한국땅 표기	*압록강 두만강 이남만* *한국땅 표기*
현 상황	꼭꼭 숨겨두거나 폄훼 (연해주와 동북국토부분 훼손)	모든 텍스트에 게재 주입교육 **소한민국 한반도사관에 절대 공헌**

*삼한의 韓은 징기스칸(汗) 4 汗國같은 '위대한 제국 통치자'
*金-淸제국은 삼한-백제-신라-발해-고려제국의 후계국
*계림은 경상도 경주가 아니라 만주 길림-<흠정 만주원류고>(1778) 고증

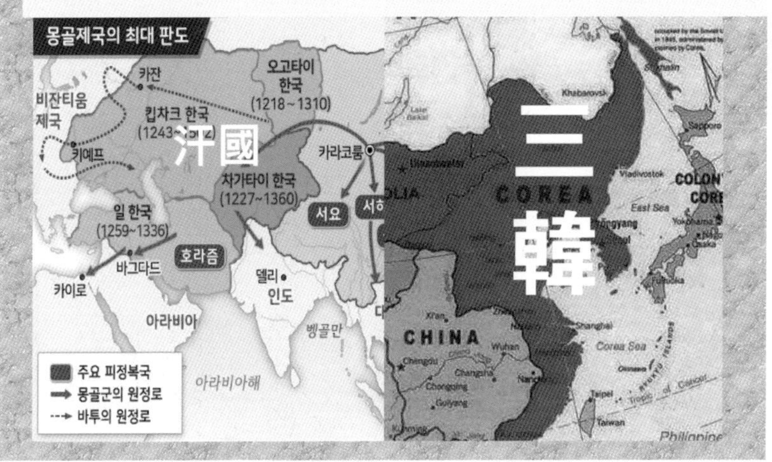